DIRK MANN

Küchenkräuter

PFLANZEN | PFLEGEN | ERNTEN

scannen & erleben

KOSMOS

INHALT

DIE WEGWEISER ZUM KRÄUTERGARTEN

alles im Überblick

Am Anfang des Kapitels finden Sie das Wichtigste auf einen Blick. Seitenverweise führen Sie gezielt zu den ausführlichen Informationen.

alles Wissenswerte

Abgeschlossene Doppelseiten bieten weiterführende Informationen zu den Themen. Entweder lesen Sie von hier aus weiter oder Sie gehen zurück zur Übersichtsseite, um das nächste Thema auszuwählen.

alle Extras

Das könnte Sie auch noch interessieren, denn hier finden Sie Themen, die über das Wesentliche hinausgehen. Diese Seiten sind kein Muss, machen aber neugierig und Lust auf mehr.

GESTALTUNG

alles im Überblick

alles Wissenswerte

alle Extras

FÜR KIDS

SCANNEN UND ERLEBEN

QR-Codes im Buch scannen: Der schnelle Zugang zu weiteren Infos rund um Ihre Pflanzen. Mit diesem Code oder unter www.m.kosmos.de/13986/t1 gelangen Sie zur Übersicht der QR-Codes. Wir empfehlen Ihnen, eine WLAN-Verbindung zu nutzen, um lange Ladezeiten zu vermeiden.

PRAXIS

 alles im Überblick

 alles Wissenswerte

 alle Extras

PORTRÄTS

 alles im Überblick

 alles Wissenswerte

 alle Extras

aromatische Beete
GESTALTUNG

KRÄUTERBEETE GESTALTEN

S. 8

Ein Kräutergarten am Haus

Blütenreichtum und gesunder Nutzen für die Küche vereinen sich in einem Kräutergarten. Selbst in kleinen Gärten oder Vorgärten lassen sich aromatische Kräuter mühelos kultivieren. Je nach Lage und vorhandenen Bodenverhältnissen können unterschiedliche Gestaltungsmöglichkeiten wie Kräuterinseln oder Themenbeete verwirklicht werden. Mit einem guten Plan ist die Umsetzung auch für Einsteiger leicht möglich.

S. 10

Naturnaher Kräutergarten

Blütenreichtum, Insektenbesuche und uriger Charakter, dafür ist der naturnahe Kräutergarten bekannt. Statt in geraden Beeten und ausschließlichem Kräuteranbau werden bei dieser Gestaltungsform Kräuter mit Gemüse, Stauden, Sommer- und Wildblumen kombiniert. Es entsteht ein Garten mit wildem Flair, der im Sommer überreich blüht und ein Paradies für Bienen, Hummeln und andere Insekten darstellt.

S. 12

Kräuter-schnecke

Steine speichern Wärme und lassen sich gut aufschichten. So können Sie auf einer Fläche von 7 m² verschiedene Standortbedingungen für Kräuter und Gewürze mit unterschiedlichen Ansprüchen an Licht und Boden einrichten.

S. 16

Kulinarische Themenbeete

Vom Beet direkt in den Topf. Warum nicht gleich diejenigen Kräuter zusammen in ein Beet pflanzen, die später auch in der Küche zusammen verwendet werden? Mit einem Griff kann man so alle Kräuter und Gewürze für frische Salate, Soßen, Suppen, Grillmarinaden oder Pizza ernten. Für den Anbau bieten sich kleinere Hochbeete oder eingefasste Beete an.

S. 14

Mediterrane Kräuterlust

Das Aroma von Sonne und Urlaub. Die würzigen Kräuter der Mittelmeerländer wie Basilikum, Oregano, Thymian und Rosmarin sind unverzichtbar für Gemüse, Pasta, Pizza und andere Spezialitäten. Trotz ihrer südlichen Herkunft gehören sie zur Grundausstattung eines Küchenkräutergartens. Ihre Pflege ist aufgrund der geringen Ansprüche auch für Anfänger gut möglich.

S. 22

Kräuter auf dem Balkon

Auch Balkonkästen und große Töpfe bieten ausreichend Platz für Basilikum, Rosmarin, Petersilie, Schnittlauch oder Zitronenverbene – alles in Griffweite des Küchenchefs.

Küchenkräuter
DIREKT AM HAUS

EIN DUFTENDER KRÄUTERGARTEN GILT ALS KLEINOD für die Sinne. Kräuter werden jedoch nicht nur zu Zier- und Duftzwecken angebaut, vom Blatt bis zur Wurzel sind sie vielseitig verwendbar: Ihre Aromen würzen Speisen und Getränke, Vitamine und Mineralstoffe besitzen positive Eigenschaften für Geist und Körper. Besonders beliebt sind Kräuter zum Würzen von Speisen. Kräuterbeete in Haus- oder Terrassennähe geben Küchenkräutern ein perfektes Zuhause.

Ein guter Plan

Viele Kräuter sind relativ anspruchslos und einfach anzupflanzen. Das Wichtigste ist, einen geschützten Sonnenplatz zu finden, zum Beispiel vor einer Mauer. Bis auf wenige Ausnahmen wie Bärlauch oder Waldmeister benötigen Kräuter die Sonne zur Bildung von Aromen- und Wirkstoffen. Idealerweise liegt der Sonnenplatz mit dem zukünftigen Kräuterbeet nah am Haus, um schnell erreichbar zu sein.

Wie umfangreich der Kräuteranbau zukünftig sein wird, hängt vorrangig von den vorherrschenden Platzverhältnissen ab. Als grobe Faustregel gilt, dass man etwa zehn Kräuter pro Quadratmeter planen sollte. Ratsam sind Horstpflanzungen: je drei Pflanzen pro Kräuterart.

Kleine Beete und Inseln

Steht Ihnen nur eine kleine Fläche für Ihre Küchenkräuter zur Verfügung, gehen Sie am besten nach dem Motto „Weniger ist mehr" vor. Auch

Klein und fein Dekorative Kräuterbeete lassen sich durch die Kombination von Kräutern mit verschiedenen Blatt- und Blütenfarben gestalten.

ein kleines Kräuterbeet kann die wichtigsten Kräuter beherbergen. Zweckmäßig sind Randbeete an der Terrasse, am Zaun oder zum Nachbargrundstück hin. Für einen guten Beetabschluss sollten die Wuchshöhen der Kräuterpflanzen (siehe Porträts ab S. 50) nach hinten zunehmen. So entsteht ein stufiger Aufbau, bei dem alle Pflanzen ausreichend Licht erhalten. Höhere Pflanzen im Hintergrund verdecken den Zaun und eignen sich als leichter Sichtschutz. Ist nur wenig Platz für ein schmales Beet vorhanden, sollte man sich auf kompakt wachsende Kräuter wie Bohnenkraut, Thymian oder Zwerg-Oregano beschränken. Diese benötigen weniger Platz in der Breite, sodass eine größere Vielfalt an Kräutern angepflanzt werden kann. Statt eines Beetes am Rand lässt sich auch im Rasen eine Kräuterschnecke (siehe S. 12) oder eine kleine Kräuterinsel anlegen. Sie sticht optisch hervor und ist von allen Seiten gut zugänglich. Pflanzen Sie hier die Kräuter in die Mitte, die am höchsten werden und die kleineren an den Rand. Berücksichtigen Sie bei der Bepflanzung auch die unterschiedlichen Lichtansprüche der Kräuter, falls Bäume oder Gebäude Schatten werfen.

Vielfältiger Kräutergarten

Hat Ihr Garten ausreichend Platz für mehrere oder größere Kräuterbeete, bietet es sich an, die Anpflanzung thematisch zu gliedern, beispielsweise in ein Küchenkräuterbeet, ein Teekräuterbeet (siehe S. 16) und ein Beet für frostempfindliche Kräuter. Ausgepflanzt wachsen exotische Kräuter besser und man kann dann mehr Ertrag als in der Kübelkultur erwarten. Außerdem ist im Herbst sofort erkennbar, welche Kräuter ausgegraben werden müssen, um ins Winterquartier umzuziehen.

Vielfalt Artenreiche Kräuterbeete begeistern als Blickfang und bereichern die Kräuterküche mit ihren Aromen.

Bei ausreichend Platz empfehlen sich Einfassungen aus Stein, Holz oder auch Heckenpflanzen. Sie grenzen die Beete untereinander, von Wegen oder anliegenden Rasenflächen optisch ab. Orientieren Sie sich dabei an vorherrschenden Stilelementen in Ihrem Garten, zum Beispiel Natursteinmauern, modernen Stahlelementen, natürlichen Weidenzäunen oder Hecken. Auch einige Kräuter eignen sich als Beeteinfassung wie Ysop, Lavendel oder Currykraut. ■

HERZLICH WILLKOMMEN!
Ein Kräuterbeet mit Pflanzen, die nicht so oft benötigt werden, kann auch den Eingangsbereich oder den Vorgarten zieren. Zwar gelten Kräuter als typische Nutzpflanzen, jedoch schmücken sich bunte Salbeisorten (Gold- oder Purpur-Salbei) und Weinraute auch mit dekorativem Laub und Duftnesseln, Ysop oder Rosenmelisse begeistern mit besonders farbenfrohen Blüten, auch zwischen Stauden und Gräsern.

NATÜRLICH
Bunt gemischt

BEI KRÄUTERGÄRTEN muss man nicht zwangsläufig in klaren Formen und Strukturen denken, Kräuter lassen sich vielfältig kombinieren. Gerade urige Gärten mit etwas wilderem Bewuchs oder einem älteren Holzschuppen eignen sich für einen naturnahen Küchenkräutergarten – er zeichnet sich durch eine Mischkultur von Blumen, Gemüse und Kräutern aus. Was sich im ersten Moment nach einem Durcheinander anhört, entwickelt sich zu einer arten- und blütenreichen Kräutergartenform. Das farbenfrohe Flair lockt unzählige Bienen, Hummeln, Schmetterlinge und andere nützliche Insekten an, die mit reichlich Gesumme auf Nahrungssuche gehen.

Blumiger Kräutergarten

Ein Augenschmaus ist die üppige Blütenpracht von Bauerngärten. Abgeleitet davon kann auch ein blumiger Kräutergarten in diese Rolle schlüpfen. Auf einem sonnigen Beet lassen sich blühfreudige Kräuter wie Oregano, Strauch-Basilikum oder Kapuzinerkresse mit anderen Garten- und Sommerblumen kombinieren. Es gibt zahlreiche Zierstauden, die auch zu den Kräutern gezählt werden: Sonnenhut (*Echinacea*) oder Mutterkraut (*Tanacetum parthenium*) sind beliebte Sommerstauden. Sie besitzen jedoch

Gute Nachbarschaft Kräuter können die Entwicklung und Aromabildung von Gemüse fördern. Ihr duftender Einfluss hält nebenbei auch Schädlinge von der Gemüsekultur fern.

Insektenmagnete Für Schmetterlinge, Bienen und Hummeln sind Kräutergärten ein Paradies. Der sommerliche Blütenreichtum bietet ausreichend Pollen und Nahrung.

auch einen pharmazeutischen Nutzwert, sodass sie gut in Kräutergärten angesiedelt werden können. Noch farbenfroher entwickeln sich einjährige Sommerblumen wie Ringelblume (*Calendula officinalis*), Präriebergamotte (*Monarda citriodora*) oder Moldawische Melisse (*Dracocephalum moldavica*). Sät man sie im Frühjahr direkt zwischen die Kräuter, blühen die Pflanzen den gesamten Sommer und sind sogar in der Küche verwendbar: Dekorativ und geschmackvoll werden die essbaren Blüten als Garnierung genutzt. Die Blätter von Moldawischer Melisse und Präriebergamotte geben Tees eine zitronige Note.

Gemüse-Mischkultur

Kräuter üben nicht nur auf uns eine positive Wirkung aus, sondern auch auf ihre Nachbarpflanzen. In gemischter Kultur können sie das Wachstum fördern oder dank ihrer Aromen einen Befall von Schädlingen verhindern. Dieser vorbeugende Pflanzenschutz ist ein fester Bestandteil des modernen Bio-Anbaus. Bekannt ist die abwehrende Wirkung von Lavendel auf Blattläuse. Aber auch Baldrian, Bohnenkraut, Knoblauch, Salbei oder Ysop gelten als förderliche Nachbarn im Gemüsebeet. Wird in Reihen angebaut, so empfiehlt es sich, Gemüse und Kräuter abwechselnd zu pflanzen oder zu säen.

Naturnaher Küchengarten

Eine etwas wildere Form des Kräutergartens ist ein naturnaher Küchengarten. Hier werden Kräuter, Gemüse und Sommerblumen ohne Bepflanzungsschema durcheinandergepflanzt oder -gesät. Der Kräutergarten entwickelt sich über das Jahr zu einer Oase mit Wildcharakter, die etwas dem Selbstlauf überlassen wird.
Da man weniger aktiv mit Pflegemaßnahmen eingreift, fällt der Ertrag zwar etwas geringer aus, jedoch sind die Aromen meist sogar noch besser ausgeprägt. Um den Garten nicht ganz verwildern zu lassen, sollten die Samenstände von stark aussamenden Blumen und Kräutern wie Koriander, Portulak, Barbarakresse oder Kümmel rechtzeitig weggeschnitten werden. ■

Wilder Naturcharakter Größere Beete bieten Platz für naturnahe Pflanzungen mit Sommerblumen und Gemüse.

Kräuterschnecke
UND HOCHBEET

DER TRAUM VOM KRÄUTERGARTEN lässt sich auch auf kleinem Raum verwirklichen. Nahezu jeder Hausgarten besitzt einige Quadratmeter in sonniger Lage, auf denen entweder eine Kräuterspirale oder ein Hochbeet geschaffen werden kann. Neben dem geringen Platzbedarf haben beide Gestaltungsformen auch praktische Vorteile. Durch die erhöhte Bauweise sind Pflanz- und Pflegearbeiten leicht und rückenschonend zu verrichten. Eine rasche Bodenerwärmung im Frühjahr ist ein weiterer positiver Nebeneffekt, der eine frühere Aussaat und Pflanzung als im normalen Beet ermöglicht.

Kräuterspirale

Drei bis vier Meter im Durchmesser sind für die Anlage einer Kräuterschnecke ausreichend. In sonniger Lage wird ein nach außen hin abfallender Erdhügel aufgeschüttet. Dieser kann im Zen-

Praktisch und gut Hochbeete lassen sich einfach bauen und machen eine gute Figur im Kräutergarten.

trum eine Höhe von bis zu einem knappen Meter besitzen. Vom Zentrum heraus wird eine Spiralmauer gesetzt. Die entstehenden Zwischenräume werden mit Erde verfüllt, um ein Abrutschen der Steine zu verhindern. Die abfallende Mauer nimmt nach unten ab, bis sie in die Gartenoberfläche übergeht. An der auslaufenden Basis lässt sich ein kleiner Teich errichten, an dessen Rand später feuchtigkeitsliebende Kräuter angesiedelt werden können. Diesen Zweck erfüllen auch größere Behälter oder eine alte Badewanne. Der Vorteil einer Kräuterspirale sind die unterschiedlichen Standortbedingungen auf kleinstem Raum. Die Bepflanzung erfolgt nach den Standort- und Feuchtigkeitsansprüchen der Kräuter von oben nach unten: Im erhöhten Zentrum ist der Boden trockener, die Feuchtigkeit nimmt nach unten zu. Im oberen Teil der Schnecke werden daher die trockenheitsverträglichen und im unteren Teil die feuchtigkeitsliebenden Kräuter angepflanzt.

Schnecke Die Kräuterspirale wird wegen ihres spiralförmigen Aufbaus zur Mitte hin auch Kräuterschnecke genannt.

PFLANZEN FÜR DIE KRÄUTERSPIRALE
Die Bodenfeuchte ist im oberen Bereich am geringsten und nimmt nach unten hin zu.
Für oben: Das Zentrum bildet den Höhepunkt der Kräuterspirale. Hier fühlen sich trockenheitsverträgliche Kräuter wohl: Bohnenkraut, Lavendel, Rosmarin, Thymian und Ysop.
Für die Mitte: Im mittleren Bereich ist die Bodenfeuchte bereits etwas höher – ideal für Melisse, Kümmel, Oregano, Pimpinelle und Weinraute.
Für unten: Hier ist der Boden recht feucht – gut für Kräuter mit etwas höherem Wuchs und einem größeren Feuchtigkeitsanspruch: Beifuß, Liebstöckel, Minze, Petersilie, Sauerampfer und Schnittlauch.
Fürs Wasser: Wird an der Basis ein Wassergefäß eingelassen oder ein Miniteich errichtet, dann ist der Standort perfekt für Brunnenkresse oder Wasabi.

Hochbeet

Das Hochbeet ist eine elegante Beetform für kleine Nutzgärten. Als Standort empfiehlt sich ein sonniger Platz. Als Umfassung dienen entweder ältere Holzbalken oder -palisaden, Kunststoff- oder Steinplatten. Verwendet man Holz, sollten die Innenseiten mit Folie verkleidet werden, um auf diese Weise ein vorzeitiges Verrotten der Einfassung zu verhindern. Am Grund wird vor dem Befüllen mit Erde ein feinmaschiger Drahtzaun ausgelegt – er verhindert das Eindringen von Wühlmäusen. Eine Schicht kleinerer Äste dräniert das Beet und verhindert Staunässe. Anschließend wird die Hochbeetform mit einem Gemisch aus fruchtbarer Komposterde, Mutterboden und Sand aufgefüllt. Mit dem Bepflanzen sollte man jedoch noch zwei bis drei Wochen warten. In dieser Zeit setzt sich der Boden und fehlende Erde kann aufgefüllt werden. Zur leichten Bearbeitung empfiehlt sich die Bepflanzung in Reihen und in den jeweiligen Pflanzabständen. Ein Erdaustausch ist in den folgenden Jahren nicht notwendig, jedoch sollte jedes Frühjahr Kompost eingearbeitet werden. ■

Flair des Südens Mediterrane Kräuter besitzen starke Aromen und werden deshalb in der Küche sehr geschätzt. Als Sonnenliebhaber fühlt sich Salbei mit seinen buntblättrigen Variationen auch in unseren Kräutergärten sehr wohl.

Mediterrane
KRÄUTERLUST

BASILIKUM, OREGANO, THYMIAN & CO. sind das Aroma des Südens – sie erinnern an Urlaub und machen Lust auf Mittelmeer-Flair. Der Anbau dieser Kräuter ist im eigenen Garten gut möglich, denn große Ansprüche stellen sie nicht. In ihrer Heimat wachsen sie häufig auf kargen Böden an sonnigen Felshängen. Unter diesen widrigen Bedingungen entwickeln sie ihr intensiv markantes Aroma am besten.

Steingarten

Ist von Baumaßnahmen Steinmaterial und Erdaushub übrig geblieben, kann dieser zu einem Hügel aufgeschüttet und mit Steinen verziert werden. Statt einer typischen Steingartenbepflanzung aus Stauden lassen sich auch flach und kompakt wachsende Kräuter einpflanzen wie Thymian-Arten oder kriechende Oregano-Formen.

Trockenmauer

Die sonne- und wärmeliebenden Kräuter des Südens besitzen auch die Eigenschaften, sich gern auf einer Trockenmauer zu etablieren. Empfehlenswert sind kompakt wachsende oder polsterbildende Arten wie das Kriechende Bohnenkraut (*Satureja spicigera*), Kümmel-Thymian (*Thymus herba-barona*), Tripmadam (*Sedum reflexum*) und Zwerg-Salbei (*Salvia officinalis* 'Nana'). Sie bilden dichte Polster, blühen im Frühsommer fantastisch und begeistern mit tollen Aromavariationen. Mit ihren Wurzeln dringen sie tief in die Zwischenräume ein und befestigen die Mauer. Selbst starke Winde können den kompakten Kräutern nur wenig anhaben.

Kies- und Steppenbeet

Steppenbeete passen sehr gut zu modernen Wohnhäusern. Die Kombination aus Steinen und Pflanzen bildet steppenartige Landschaften nach. Anders als beim Steingarten werden hier größere Findlinge und Kiesel auf einer flachen Bodenfläche ausgebracht. Um späteren Unkrautwuchs zu verhindern, leistet eine Bodenabdeckung mit Unkrautvlies gute Dienste. Darauf werden größere Steine gleichmäßig und mit etwas Abstand im Beet verteilt und die Zwischenräume mit kleinerem Kies aufgefüllt. Es entsteht ein steinig-bizarrer Bereich. Die Steine dränieren die Oberfläche, sodass auch wolliges Laub nach Starkregen rasch abtrocknen kann.

Bei der Bepflanzung werden die mediterranen Kräuter mit Abstand gepflanzt. So entsteht ein schönes Wechselspiel zwischen Stein und Pflanze. Die Steine lassen die Pflanzen besser zur Geltung kommen und dank der weiteren Pflanzabstände entwickeln sie einen gleichmäßigeren Wuchs. ■

Strukturwert Große Keramik- und Terrakottagefäße wirken auch in Beeten sehr dekorativ. Als Bepflanzung bieten sich Lavendel, Duftnesseln und Rosmarin an.

Kiesbeet Oregano und andere mediterrane Kräuter entwickeln mit ausreichendem Pflanzabstand eine gleichmäßige Wuchsform. Mit einer Kiesschicht erreicht man einen wirkungsvollen Bodenschluss. Unerwünschte Kräuter haben es schwer.

KULINARISCHE
Themenbeete

DIE VERWENDUNG VON KRÄUTERN IST SEHR VIELFÄLTIG.
Die einen passen besser in den Tee, die anderen
auf Pizza und die nächsten eignen sich hervor-
ragend zum Würzen von Fisch oder Fleisch. Eine
gleichermaßen praktische als auch clevere Möglichkeit für einen guten Überblick sind kulinarische Themenbeete. Sie sind einerseits nützlich
und stellen andererseits durch ihre Anordnung
als Hochbeete oder als Teilstücke einer Kuchen-
form einen Blickfang dar. Jedes Beet enthält die
passenden Kräuter für eine spezielle Verwendung, zum Beispiel asiatische Kräuter, italieni-
sche Kräuter oder Cocktailkräuter. Somit weiß
man auf einen Blick, welche Kräuter zu den entsprechenden Gerichten oder Getränken passen.
Hat man Lieblingsgerichte, lässt sich dafür sogar
ein eigenes Kräuterbeet einrichten, beispielsweise für Pizza oder Grillfleisch. Natürlich können
wichtige Kräuter in mehreren Themenbeeten
vorkommen. Die Dopplungen haben einen Zu-
satznutzen: Kümmert ein Kraut auf einem Beet,
hat man noch eine Reserve für den Notfall.

 **REZEPT-IDEEN** Lust auf Pasta mit Salbei
oder Kräuter-Salsa? Aromatische Rezept-
Ideen mit Kräutern finden Sie hier oder unter
www.m.kosmos.de/13986/tb2

Themen-Hochbeete Kulinarische Themenbeete lassen sich
platzsparend verwirklichen. In kleinen Hochbeeten trennt man
die Kräuter nach ihren Verwendungsmöglichkeiten.

Asiatisches Beet

Für Liebhaber der fernöstlichen Küche ist das asiatische Beet ein Muss. Es beinhaltet die Kräuter, die es namentlich auch verspricht (siehe S. 72 bis 75). Über die Saison lassen sich die meisten Kräuter im Garten problemlos anziehen. Allerdings sind viele Kräuter aus Asien einjährig oder frostempfindlich. Bei den einjährigen Asiakräutern wie Thai-Basilikum endet die Vegetation mit der Samenbildung und anschließenden Ernte. Bei den mehrjährigen, jedoch frostempfindlichen Kräutern (z. B. Zitronengras) müssen die Pflanzen im Herbst in Töpfe umgesetzt und ins Winterquartier gebracht werden. Ist keine Überwinterungsmöglichkeit vorhanden, empfiehlt sich die Kultur als Einjährige. Die Pflanzen wachsen über das Jahr prächtig heran und man erntet im Herbst die gesamte Pflanze. Zwar ist im nächsten Jahr ein Neukauf notwendig, entschädigt wird man jedoch mit einer üppigen Ernte.

Shungiku Die Salat-Chrysantheme würzt mit ihren schönen, weißen und gelben Blüten und aromatischen Blättern frische Salate und asiatische Speisen.

Salatfrische

Die Pflanzenauswahl für eine frische Verwendung in Salaten reicht von Basilikum über Guten Heinrich bis hin zum Sauerampfer. Salatkräuter haben zumeist großes, weiches Laub, weshalb sie mehr Feuchtigkeit benötigen. In den heißen Sommermonaten empfiehlt sich regelmäßiges Gießen. Bei der Ernte schneidet man immer ganze Triebe. Dadurch treibt die Pflanze erneut frisch ins junge Grün. ■

KULINARISCHE KOMBINATIONEN

Verwendung	Pflanzen
Asiatische Gerichte	Anis, Ingwer, Koriander, Shiso, Shungiku, Thai-Basilikum, Wasabi, Zitronengras
Grillmarinaden	Beifuß, Liebstöckel, Rosmarin, Salbei, Thymian, Ysop
Pizza	Basilikum, Knoblauch, Oregano, Thymian
Salate	Basilikum, Estragon, Guter Heinrich, Kresse, Sauerampfer, Shungiku,
Suppen & Eintöpfe	Beifuß, Borretsch, Estragon, Koriander, Liebstöckel, Majoran, Petersilie, Sauerampfer, Schnittknoblauch
Tees, Limonaden, Cocktails	Aztekisches Süßkraut, Melisse, Mojito-Minze, Süßkraut (Stevia), Zitronenverbene

Rohkost-Mischung Im Themenbeet für Salat können auch gut Gemüsesalatsorten wie Spinat untergebracht werden.

KRÄUTER ZUM
Spielen & Entdecken

❶ Kräuter-Schmuck

Aus duftendem Lavendel gebastelte Kränzchen und Armreife
lassen jedes Mädchen zu einer kleinen Prinzessin werden.
Auch getrocknete Kräuter bieten zahlreiche Möglichkeiten
zum Basteln. Am besten probiert ihr es mal mit Blütenkräutern
wie Lavendel oder Hopfen-Oregano.

❷ Süßer Spaß

Immer der Nase nach – so lernt ihr viele Kräuter am
schnellsten kennen. Besonders beliebt und einprägsam ist
Süßkraut (Stevia), es schmeckt so, wie es heißt, herrlich
süß. Melisse duftet zitronig frisch und Minzen erinnern an ...?!
Wichtig: Bitte immer erst einen Erwachsenen fragen, der die
Kräuter kennt, ob ihr ein Blatt essen dürft!

❸ *Ausprobieren*

Probieren macht mehr Spaß als Studieren. Mit dem Naschen im Garten entdeckt man die Natur auf aromatische Art. Aber Vorsicht – nicht alle Kräuter und Pflanzen, die im Garten wachsen, sind lecker, es gibt auch giftige Arten. Man darf nur die Pflanzen essen, die man gut kennt!

❹ *Beim Wachsen zuschauen*

Kräuter anbauen muss doch nicht langweilig sein! Mit ausgeschnittenen Herzchen, Blumen oder Sternen aus Pappe lassen sich tolle Figuren aussäen. Zur Aussaat legt ihr die Schablonen auf das saatfertige Beet und sät schnellkeimende Kräuter aus, mit feiner Erde bedecken und vorsichtig angießen. Bereits nach ein paar Tagen bilden Sämlinge lustige Kräuterfiguren. Das gelingt am besten mit schnell-wachsender Kresse.

SCHILDCHEN SELBST BASTELN

Lustige Pflanzenschilder und -stecker lassen sich aus Holzstäbchen, alten Joghurtbechern oder laminierter Pappe leicht selbst basteln und mit wasserfesten Stiften bemalen. Auf den Schildern kann der Name der Pflanze stehen oder auch wie sie riecht und schmeckt und wozu man sie verwenden kann. Mit einer roten Ampel könnt ihr beispielsweise auf Giftpflanzen hinweisen. So seht ihr sofort, um welche Pflanzen ein großer Bogen gemacht werden sollte.

Mobile Kräuter
IM TOPF

EIN GARTEN LEBT UND ENTWICKELT SICH. Hatte man bislang Kräuter nicht auf dem Plan, lässt sich ein Kräuterbeet möglicherweise nur schwer in ein bestehendes Konzept integrieren. Als Alternative bietet sich ein Anbau in größeren Gefäßen an. Je nach Gartenstil und Investitionslust werden Stein-, Holz- oder Kunststoffkübel verwendet. Farblich sollten sie zu den anderen Gartenele-menten passen. Gibt es im Garten bereits helle Steinmauern, sind helle Steinkübel in einem ähnlichen Farbton zu empfehlen. Die Kübel sollten die Größe haben, um mindestens drei Pflanzen unterzubringen und genügend Wurzelraum zur Verfügung zu stellen, das heißt 15 Liter oder 30 cm Durchmesser. Die Auswahl ist groß, mit der richtigen Beratung wird man schnell fündig.

Modern mit Stil   Kräuteranbau ist auch etwas fürs Auge. Für moderne Gärten bieten sich schlichte, geometrische Gefäße an.

Witzige Ideen Fehlt der Platz, kann auch der Zaun für die Kräuterkultur zum Einsatz kommen. Entsprechende Gefäße sollten nicht zu schwer sein und vor Wind gesichert werden.

Herzlich willkommen Duftende, üppig bepflanzte Kräuter-kübel heißen Besucher in Vorgärten und auf Eingangstreppen mit ihrem Aroma willkommen.

Auf dem Sonnendeck

Die Kübel lassen sich im gesamten Garten positionieren, sogar mitten in Beeten. Sie kommen jedoch besser zur Geltung, wenn sie an einem exponierten Standort platziert werden, beispielsweise auf Treppen an Hauseingängen, vor Mauern, oder wenn mehrere Kübel in unterschiedlichen Größen zusammengestellt werden. Für den Profigriller mit festem Grillplatz wäre ein Kübel mit Grillkräutern in Griffweite perfekt. Zu beachten ist lediglich, dass die Kübelkräuter ausreichend sonnig stehen wollen, um ein intensives Aroma entwickeln zu können.

Besonderheiten bei der Pflege

Der große Unterschied zwischen der Garten- und Kübelkultur ist die Abtrennung der Pflanzen vom gewachsenen Boden. Im Gartenboden können die Kräuter Feuchtigkeit aus tieferen Bodenschichten ziehen oder auf Nährstoffe durch die natürliche Humusbildung abgestorbener Blätter

zurückgreifen. Das kann eine Pflanze im Kübel nicht. Sie ist auf künstliche Wasser- und Nährstoffzufuhr angewiesen, sodass man mit etwas mehr Pflegeaufwand in den Frühjahrs- und Sommermonaten rechnen muss. Das sollte jedoch kein Problem sein, denn das hohe Maß an Flexibilität entschädigt. Die Gefäße lassen sich nach Belieben im Garten positionieren, ohne markante Spuren zu hinterlassen.

Ein guter Wasserabzug ist für den Kübel als geschlossener Lebensraum unabdingbar. Fehlen Löcher am Grund, kann Wasser nicht ablaufen und führt zwangsläufig zur Bodenübernässung mit nachfolgender Wurzelfäule. Daher sind nur Kübel mit Löchern zu verwenden. Falls nicht vorhanden, kann mit der Bohrmaschine nachgeholfen werden. Eine regelmäßige Bodenerneuerung sollte als zukünftiger Pflegeaufwand eingeplant werden. Dafür muss man aufgrund der geringen Bodenoberfläche kaum mit wildem Unkrautwuchs rechnen.

Frostempfindliche Kräuter werden im Tonkübel ins Kräuterbeet eingelassen. Die Umsiedlung ins Winterquartier wird durch das Ziehen der Gefäße zum Kinderspiel. ■

KRÄUTER AUF *Balkon & Terrasse*

VIELFALT AUF KLEINEM RAUM. Auch Stadtbewohner, die nur einen Balkon haben, müssen auf frische, aromatische Küchenkräuter nicht verzichten.

Kräuter statt Balkonblumen

Kräuter stehen klassischen Balkonpflanzen in nichts nach. Strauch-Basilikum oder essbare Tagetes blühen fast den gesamten Sommer und schmecken zudem noch. Kästen bieten sich am besten als Pflanzgefäße: Kunststoffkästen sind leicht und preiswert, dekorativer sind meist aber Ausführungen aus Ton und Keramik. Wie groß der Kasten wird, entscheidet die Fenstergröße oder der Platz am Balkongeländer. Grundsätzlich ist es sinnvoller, kleinere Kästen zu verwenden. Auf diese Weise können zielgerichtet Pflanzen mit ähnlichen Standort- und Feuchtigkeitsansprüchen kombiniert werden. Ein 60 cm breiter

BUNTE NACHBARN
Werden die Kräuterkästen in größeren Abständen bepflanzt, bleibt in den Zwischenräumen Platz für die Aussaat einjähriger Sommerblumen. Sie verwandeln die Balkonkästen im Sommer in bunte Blumenwiesen und Insektenweiden. Wie wäre es zum Beispiel mit Ringelblumen, Kornblumen oder Rot-Klee? Ihre Blüten sind übrigens ebenfalls essbar.

Kasten bietet ausreichend Platz für drei, bei versetzter Pflanzung fünf kleinere Kräuter. Die Kräuter sollten von ihrer Wuchshöhe nicht zu groß werden, da sie sonst zueinander in starke Kon-

Balkongestaltung Kräuter bereichern Balkone nicht nur mit ihren Düften. In schönen Pflanzgefäßen sind sie eine gute Ergänzung zu blühenden Balkonpflanzen.

Kräuterkasten Lorbeer, Rosmarin, Duftgeranien und Thymian ergeben eine attraktive Komposition.

kurrenz treten. Regelmäßiges Ernten verhindert ein uferloses Wachstum. Auch ein Zusammenpflanzen mit Balkonblumen ist grundsätzlich möglich, sofern sich die Wuchsstärken ähneln.

Pflanzvorschläge

Der häufigste Pflegefehler ist falsches Wässern, der seine Ursache schon bei der Bepflanzung haben kann. Pflanzt man beispielsweise den trockenheitsliebenden Thymian neben ein durstiges Basilikum, wird entweder das Basilikum unter Wasserentzug leiden oder der Thymian ertränkt. Längerfristigen Erfolg verspricht die Aufteilung der Kräuter mit unterschiedlichen Ansprüchen auf verschiedene Kästen.

Im trockenen Kasten finden kleinblättrige Sonnenanbeter mit geringen Ansprüchen Platz: Bohnenkraut, Oregano, Rosmarin, Thymian. Im normalen Kasten bei mittlerer Feuchtigkeit gedeihen Aztekisches Süßkraut, Koriander, Melisse, Pimpinelle und Salbei gut.

NAMENSSCHILDER Ob aus Edelstahl, Schiefer oder Emaille – die Auswahl an Pflanzen-Steckern ist riesig. Beispiele finden Sie hier oder unter www.m.kosmos.de/13986/tb3

Im „durstigen" Kasten wachsen Kräuter mit großen, weichen Blättern. Basilikum, Liebstöckel, Sauerampfer, Schnittlauch oder Zitronengras brauchen feuchten Boden, der an heißen Sommertagen regelmäßig gewässert werden sollte. Werden Blätter doch braun, einfach wegputzen!

Absturzsicherung

Werden die Kräuter mit der Zeit zu groß, bieten sie starken Winden eine große Angriffsfläche. Daher sind alle Gefäße bereits beim Aufstellen windsicher zu verankern. Einzelne Kräutertöpfe sollten aufgrund der noch höheren Windanfälligkeit ebenfalls gesichert werden. ■

Kräutertreppe So kommen die Kräuter bestens zur Geltung.

pflegen & ernten
PRAXIS

KRÄUTER ANBAUEN

S. 28

Kräutereinkauf

Freude am Kräutergärtnern beginnt mit dem Saatgut- und Pflanzeneinkauf. Eine große Auswahl an gesunden Jungpflanzen und keimfähigen Samen gibt es heute in reicher Auswahl im Gartenfachhandel. Hierbei sollte man sich nicht nur vom Auge leiten lassen, sondern auch auf nachhaltige Qualität achten: festes Laub, verholzter Stängel und ein kompakter, kerniger Wuchs.

S. 30

Bodenbearbeitung

Bevor es mit dem Pflanzen und Kräutergärtnern losgehen kann, sollte der Pflanzplatz mit Grabegabel, Spaten und anderem Gartenwerkzeug für die spätere Kräuterpflanzung vorbereitet und von Wildwuchs befreit werden. Wurzelstücke und keimende Unkrautsamen sind dabei zu entfernen. Die Mühe minimiert den späteren Pflegeaufwand. Vor der Pflanzung ist das Beet noch einzuebnen. Dabei werden grobe Erdschollen zerkleinert, um die Pflanzung und das rasche Anwachsen der Kräuter zu erleichtern.

S. 36

Raus ins Beet!

Ab April beginnt die Pflanzzeit im Freiland. Vor den Eisheiligen Mitte Mai können frostharte und abgehärtete Kräuter ein- und umgepflanzt werden. Schwache Spätfröste lassen sich am einfachsten mit Schutzabdeckungen aus Folie oder Vlies überbrücken. Nach der letzten Frostgefahr können auch die empfindlichen Kräuter-

exoten oder vorgezogenen Jungpflanzen im vorbereiteten Beet ausgepflanzt werden.

S. 38

Nicht vergessen!

- ❑ Beete hacken, wenn unerwünschte Wildkräuter keimen.
- ❑ Im Frühjahr düngen.
- ❑ An warmen und trockenen Tagen gießen.
- ❑ Kranke Pflanzenteile entfernen und über den Hausmüll entsorgen.
- ❑ Im Herbst zur Wintervorbereitung Pflanzen zurückschneiden.

S. 44

Kräuterernte

Das Ziel eines jeden Kräutergärtners sind die Ernte und Verwendung seiner Kräuter.
Die Ernte bildet somit den Höhepunkt in der Kräutersaison. Der optimale Zeitpunkt richtet sich ganz nach dem jeweiligen Kraut und dem Erntegut. Lassen sich Blätter und Spross fast ganzjährig ernten, sind Blüten nur während der Blütezeit pflückbar. Wurzeln werden hingegen erst mit dem Beginn der Ruhezeit im späten Herbst gerodet.

Auswahl Für jeden Geschmack finden Sie in spezialisierten Kräutergärtnereien die passenden Kräuter in bester Qualität.

Pflanzen einkaufen
QUALITÄT & AUSWAHL

KÜCHENKRÄUTER GEHÖREN inzwischen zum Standardsortiment der meisten Gärtnereien. Bereits zum Ausgang des Winters findet man erste Gewürzpflanzen in den Auslagen.

Gärtnerei oder Versand?

Kräuter in der Gärtnerei oder in einem gut sortierten Gartencenter zu erwerben, wird durch das Erkunden der Aromen zu einem Kauferleb-

nis für alle Sinne. Zum Kauf gehört auch eine gute Beratung, die in Gärtnereien selbstverständlich ist. Erkundigen Sie sich dort, ob die vorherrschenden Standortbedingungen im eigenen Garten mit den Ansprüchen der ausgewählten Pflanzen übereinstimmen.

Wem die Vielfalt im regionalen Handel nicht ausreicht, der wird im Pflanzenversand verschiedener Spezialgärtnereien fündig. In informativen Katalogen oder Webshops findet sich eine riesige

Vielfalt an aromatischen Küchenkräutern. Von Nachteil ist, dass man nicht an den Pflanzen riechen und auch nicht ihre Qualität einschätzen kann. Es empfiehlt sich, den Anbieter vor der Bestellung auf Erfahrungswerte anderer Kunden in Bewertungsportalen zu prüfen.

Eine weitere Alternative sind regionale Gartenmessen und Pflanzenbörsen. Mittlerweile haben sich diese Events zu etablierten Einkaufsmöglichkeiten für Pflanzenliebhaber entwickelt. Spezialanbieter bieten größere Sortimente als der Fachhandel an und interessierte Kunden können sich Rat beim Spezialisten holen.

Kräuterqualität Die Qualität ist wichtig, schließlich handelt es sich um Nutzpflanzen, die für den Verzehr gedacht sind. Gesunde Pflanzen wirken robust und sind etwas verholzt.

JEDE PFLANZE HAT ZWEI NAMEN

Viele Kräuter haben mehrere deutsche Bezeichnungen, aber jedes Kraut hat einen exakten botanischen Namen, der aus dem Gattungsnamen und dem Artnamen besteht – er ist für jede Pflanze eindeutig, zum Beispiel *Allium schoenoprasum*. *Allium* steht für die Gattung der Zwiebelgewächse, schoenoprasum für die Art: Schnittlauch. Der verwandte Bärlauch heißt botanisch *Allium ursinum*. So lassen sich die Pflanzen klar bestimmen und im Nachhinein im Kräuterlexikon oder auch im Internet zweifelsfrei finden.

Das Auge kauft mit

Die meisten Kräuter sind robuste Pflanzen, die keine großen Ansprüche stellen. Dennoch sollte man beim Kräuterkauf auf bestimmte Merkmale achten. Fast immer kauft das Auge ein und man lässt sich nur allzu gern täuschen. Große, perfekt scheinende Pflanzen stammen meist aus Treibhäusern und erweisen sich in der Gartenkultur als empfindlich.

Je weicher die Blätter sind, desto anfälliger ist die Pflanze für Wind, Regen, Sonne oder Frost. Besonders heikel ist das zeitige Frühjahr. Vorgetriebene Pflanzen nehmen nahezu jedes Wetterextrem übel. Man sollte sich daher für etwas kleinere, leicht verholzte Pflanzen entscheiden. Auch wenn die Augen nicht vor Euphorie glänzen, haben diese Pflanzen die besseren Chancen für ein Anwachsen im Garten. An den Kräutern sollten keine Krankheiten, zum Beispiel Schimmel, oder Schädlinge zu erkennen sein.

Hebt man vorsichtig den Wurzelballen aus dem Topf, sieht man zudem, ob die Pflanzen gut durchwurzelt sind. Die Erde sollte feucht, aber nicht durchweicht sein, gesunde Wurzeln haben weiße Spitzen, feine Fasern am Topfboden und riechen nicht unangenehm. ■

Der Boden GRUNDLAGE FÜR GESUNDES WACHSTUM

DIE BODENBEARBEITUNG zählt zu den wichtigsten Arbeiten. Hierbei wird der Boden für die Pflanzen so aufbereitet, dass sie optimale Wachstumsbedingungen im Zuge der Neu- oder Umgestaltung des Kräutergartens vorfinden.

Erste Schritte

Die Vorbereitungen für die Frühjahrsbepflanzung können schon im Herbst beginnen. An sonniger Stelle wird die Form des zukünftigen Beetes mit Hölzern und einer Leine abgesteckt. Die grobe Bodenbearbeitung beziehungsweise das Umgraben bietet sich im späten Herbst an. Dabei werden die Bodenschollen mithilfe eines Spatens abgestochen und umgeworfen. Insbesondere schwere und lehmige Böden profitieren von der lockernden Maßnahme. Ausläuferbildende Wurzelunkräuter sollten bei diesem Arbeitsschritt gleich mit entfernt werden. Die groben Schollen frieren im Winter durch und die umgeworfene Grasnarbe wird durch Mikro-

Boden umgraben und lockern Mit einem Spaten werden grobe Bodenschollen abgestochen und umgeworfen.

Wurzelunkräuter Wurzeln oder einzelne Wurzelstücke von Unkräutern sind bei der Bodenbearbeitung herauszulesen.

Boden lockern Die Grabegabel eignet sich als bodenschonendes Werkzeug besonders für schwere Böden.

Einebnen Als abschließende Bodenbearbeitung vor der Bepflanzung wird das Kräuterbeet eingeebnet.

organismen auf natürliche Art zu Humus zersetzt. Die zerbröselte Bodenkrume wird im Frühjahr mit einem Rechen eingeebnet.

Böden verbessern

Die meisten Böden haben eine mittlere Struktur und eignen sich gut für den Anbau von Kräutern. Es gibt jedoch auch sehr leichte oder schwere Böden, die verbessert werden sollten.
Leichte Böden sind sehr körnig und besitzen nur einen geringen Humusgehalt. Diese Böden können kaum Wasser und Nährstoffe speichern. Zu ihnen zählen Sand- und Kiesböden. Im Zuge des Umgrabens kann fruchtbarer Kompost oder Humus eingearbeitet werden. Über den Winter vermischen sich die Bodenpartikel und der ehemals unfruchtbare Boden wird aufgewertet. Schwere Lehm- oder Tonböden sind in ihrer Struktur sehr fein und lassen sich zwischen den Fingern kneten. Ihre Feinporen speichern vergleichsweise viel Wasser. Durch starken Regen

oder Wässern kommt wenig Luft an die Wurzeln, es kann zu Wurzelfäulnis kommen. Um das Verhältnis zwischen wasserführenden Fein- und luftführenden Grobporen auszugleichen, empfiehlt sich das Einarbeiten von Sand oder Kies.

Bodenpflege

Der Boden ist nicht nur Wachstumsgrundlage für Nutzpflanzen, sondern auch für ungebetene Gäste. Wildkräuter konkurrieren mit den Kulturpflanzen und sollten regelmäßig durch Hacken entfernt werden. Positiver Nebeneffekt: Der Boden wird dadurch gelüftet und die Bodenoberfläche gelockert. Mulchen ist eine beliebte Methode, um die Bodenfeuchte zu erhalten und den Wildwuchs zu unterdrücken. Hierbei wird die Bodenoberfläche mit organischem Material bedeckt, z.B. Rindenmulch oder Grasmahd (Rasenschnitt). Außerdem reichert Mulch den Boden nachhaltig mit Humus an und fördert das Bodenleben. ■

Anzucht & Vorkultur
VOM SAMEN ZUR PFLANZE

ZIEHT MAN KRÄUTER AUS SAMEN, lässt sich die Kultur an einem gleichmäßig warmen und hellen Standort bereits ab Ende Februar beginnen, also vorziehen – entweder auf der Fensterbank, im Gewächshaus oder dem Wintergarten. Die Vorkultur kann den Zeitraum bis zur Ernte um ein bis zwei Monate im Vergleich zum Freiland verkürzen. Die Anzucht aus Samen ist auch für Anfänger problemlos möglich. Die meisten Kräuter lassen sich durch Saatgut anziehen, das man in reicher Auswahl im Fachhandel findet.

Saatgut aussäen

Für die Aussaat verwendet man gesäuberte Töpfe oder Schalen, die mit lockerer, nährstoffarmer Aussaaterde gefüllt werden. Die Oberfläche wird angedrückt und mit Wasser überbraust. Vor der Aussaat sollte man sich über die Hinweise auf der Verpackung informieren. Einige Kräuter haben spezielle Ansprüche.

Die Samen werden gleichmäßig in das Aussaatgefäß ausgesät. Ausreichend Platz zwischen den

Vorkultur Für die Anzucht eignen sich saubere, keimfreie Saatschalen, Töpfe oder Minigewächshäuser.

Vereinzeln Stabile Sämlinge werden durch Pikieren vereinzelt. Das frische Substrat fördert die weitere Entwicklung.

Jungpflanzen Empfindliche Kräuterjungpflanzen bleiben bis zur letzten Frostgefahr Mitte Mai in geschützter Vorkultur.

späteren Sämlingen reduziert die Gefahr eines Pilzbefalles. Die Dosierung gestaltet sich bei feinem Saatgut recht schwierig. Vermischt man es mit feinem Quarzsand, wird die gleichmäßige Verteilung der Samen einfacher. Bei Dunkelkeimern wird das Gefäß nach der Aussaat mit Zeitungspapier, gesiebtem Sand oder gesiebter Aussaaterde überdeckt, damit eine Keimung überhaupt erst möglich ist. Die Samen der Lichtkeimer werden lediglich angedrückt. Abschließend wird das Gefäß vorsichtig übergossen oder besser: übersprüht. In den nachfolgenden Wochen ist auf ausreichend Bodenfeuchte zu achten. Austrocknungen vermeidet man durch eine Abdeckung mit Folie oder die Verwendung eines Mini-Gewächshauses.

Sämlinge vereinzeln

Nach kurzer Zeit zeigen sich die ersten Keimblätter, die sich zu Sämlingen entwickeln. Da zu warme, feuchte Luft und geringe Pflanzenabstände zu Pilzerkrankungen führen können, sind gut entwickelte Sämlinge, sobald sie das zweite normale Blattpaar gebildet haben, zu pikieren, das heißt zu vereinzeln. Eine Vermehrungsschale

wird mit nährstoffarmer Erde gefüllt und mit Wasser angefeuchtet. Die noch jungen Kräutersämlinge werden vorsichtig mit einem Pikierholz aus dem Saatgefäß entnommen und in die Schale umgesetzt. Lange Wurzeln werden mit einer Schere oder per Fingernagel gekürzt. Nach dem Pikieren das Angießen nicht vergessen! ∎

LICHT- UND DUNKELKEIMER

Lichtkeimer	Dunkelkeimer
Basilikum	Anis
Beifuß	Bärlauch
Bohnenkraut	Dill
Gartenkresse	Fenchel
Kerbel	Kapuzinerkresse
Kümmel	Koriander
Majoran	Liebstöckel
Oregano	Petersilie
Sauerampfer	Pimpinelle
Thymian	Portulak
Weinraute	Rosmarin
Ysop	Salbei
Zitronenmelisse	Schnittlauch

DIREKT INS BEET
Aussaat im Freiland

WEM EINE MÖGLICHST FRÜHE ERNTE nicht so wichtig ist, der kann auf die Vorkultur verzichten und die Samen direkt im Freiland in ein vorbereitetes Beet aussäen. Voraussetzung sind durchgängig frostfreie Temperaturen, die meist ab April zu erwarten sind. Ausschlaggebend für den Keimerfolg ist eine nicht zu geringe Bodentemperatur. Anis, Basilikum, Koriander und andere frostempfindliche Saaten werden besser erst nach den Eisheiligen ab Mitte Mai im Freiland ausgesät.

Reihensaat Gerade Reihen erleichtern die Pflege. Mit einer gespannten Leine lassen sich die Reihen exakt ausrichten.

Der richtige Zeitpunkt

Bei einer Direktsaat werden an den Boden noch größere Ansprüche gestellt als bei einer Pflanzung von Jungpflanzen. Der Boden sollte etwas erwärmt, feinkrümelig und eben sein. Im Herbst oder zeitigen Frühjahr umgegrabene Kräuterbeete werden möglichst früh mehrfach mit dem Rechen eingeebnet. Durch das Lockern der Oberfläche trocknet der Boden schneller ab und erwärmt sich besser. Positiver Nebeneffekt sind eine feine Krümelstruktur und eine natürliche Unkrautbekämpfung. Grobe Bodenpartikel sind vor der Aussaat zu zerkleinern, denn Sämlinge und Jungpflanzen tun sich schwer, grobscholligen Boden zu durchwurzeln und darin zu keimen. Zum leichteren Glätten kann auch Sand oder Aussaaterde auf den Boden ausgebracht werden.

Aussaatmethoden

Die Aussaat kann man als Flächen-, Horst- oder Reihensaat durchführen. Bei der Flächensaat wird ein Kraut über eine größere Fläche breitwürfig ausgesät. Diese Aussaatmethode lässt sich rasch ohne großen Aufwand umsetzen. Die Kehrseite der Medaille ist jedoch, dass sich der nachfolgende Pflegeaufwand, beispielsweise bei Un-

Horstsaat Die Kräuter werden als Gruppe ausgesät. Die Sämlinge sollten in ausreichendem Abstand keimen.

krautbeseitigung, Ernte oder Rückschnitt, erschwert. Bei der Horstsaat werden die Kräuter auf kleiner Fläche als Horst ausgesät. Thymian, Oregano oder Rucola wachsen so zu buschigen Tuffs heran. Gleichermaßen beliebt und pflegeleicht ist die Reihensaat. Man kennt sie aus dem Gemüsegarten, bei der die Nutzpflanzen in Reihe ausgesät werden. Alle späteren Pflegemaßnahmen sind durch die reihenweise Anordnung problemlos möglich.

Zur Erleichterung der Freilandaussaat werden oft sogenannte Saatbänder oder -scheiben genutzt. Auf ihnen sind die Samen bereits in den richtigen Abständen fixiert. Das spätere Vereinzeln entfällt. Die Aussaathilfen werden wie Samen im Beet ausgelegt, bedeckt und angegossen.

So geht's!

Die Aussaat erfolgt auf vorbereitetem Boden, der etwas feucht, aber nicht mehr nass ist. Unabhängig von der Aussaatmethode ist auf ausreichend Abstand zwischen den Samen zu achten. Enge Abstände können bei feuchtwarmer Witterung rasch zu Pilzbefall führen. Die Samen werden leicht mit Erde bedeckt und mit der Hand angedrückt. Anschließend wird das Beet vorsichtig mit Wasser überbraust. Ein Ausspülen der frischen Aussaat oder Verschlämmen des Bodens ist zu vermeiden. Droht Frostgefahr oder sind die Nächte noch sehr kühl, verbessert eine Flachabdeckung aus Folie oder Vlies die Samenkeimung. Die Tageswärme dringt in den Boden und erhöht die Bodentemperatur unter der schützenden Abdeckung. Nach kurzer Zeit zeigen sich die ersten grünen Keimblätter der ausgesäten Kräuterpflanzen. Laufen die Sämlinge zu dicht auf, ist das Vergrößern der Abstände zwischen ihnen durch Vereinzeln anzuraten. Das feuchtwarme Klima kann sonst rasch zu Pilzinfektionen führen. Die schützende Flachabdeckung ist nach erfolgreicher Keimung häufiger zu lüften, um die Pflanzenstabilität zu fördern.   ■

Aussaathilfen Saatbänder und -scheiben erleichtern die Aussaat: Einfach auslegen, angießen und keimen lassen.

SAATBÄNDER SELBST HERSTELLEN Wie sich diese Aussaathilfen ganz einfach selbst anfertigen lassen, sehen Sie hier oder auch unter www.m.kosmos.de/13986/tb4

Die Pflanzung DER
SCHNELLE WEG ZUM KRÄUTERBEET

DIE PFLANZUNG VON KRÄUTERN kann grundsätzlich von Frühjahr bis Herbst durchgeführt werden. Das Frühjahr gilt wegen der gemäßigten Temperaturen und mehr Niederschlägen als perfekte Pflanzzeit, mehrjährige Kräuter können auch gut im Herbst ausgepflanzt werden. Heimische Jungpflanzen lassen sich im Frühjahr bereits ab April ins vorbereitete Beet setzen. Frostempfindliche Kräuter sind hingegen erst Mitte Mai auszupflanzen. Nach einem langen Winter ist es ratsam, den Boden durch die Sonneneinstrahlung etwas erwärmen und abtrocknen zu lassen.

Jungpflanzen abhärten

Angezogene Jungpflanzen sind durch die Vorkultur unter Glas sehr empfindlich und sollten vor dem Auspflanzen abgehärtet werden. Auf-

Positionierung Vor dem Pflanzen hilft das Positionieren der Kräuter auf dem Beet, die richtigen Abstände einzuschätzen.

Pflanzen austopfen Trockene Wurzelballen sind zu wässern. Dichtes Wurzelwerk ritzt man vorsichtig mit dem Messer an.

Einpflanzen Topfballen ebenerdig einsetzen, alle Lücken mit Erde auffüllen und fest andrücken. Gießen nicht vergessen.

grund der warmen Temperaturen im Haus reagiert das Blattgewebe von Jung- und Überwinterungspflanzen auf jegliche Art von Witterungseinflüssen. Stellen Sie die jungen Pflanzen im Kulturgefäß bei frostfreiem Wetter für ein paar Tage ins Freie, an einen halbschattigen Platz. Auf diese Weise gewöhnen sie sich langsam an die niedrigeren Temperaturen, die Sonneneinstrahlung, Wind und Niederschläge. Drohen Spätfröste oder starke Niederschläge können die Pflanzen jederzeit zum Schutz ins Haus geholt werden. Nach ein bis zwei Wochen haben sich die Pflanzen so stabilisiert, dass ein Auspflanzen ins Kräuterbeet ohne nachfolgende Probleme möglich ist.

Kräuter pflanzen – so geht's!

Zur Pflanzung von Kräutern bieten sich sonnige und trockene Tage an. Mit einem Pflanzholz oder einer kleinen Pflanzschaufel werden die Pflanzlöcher an die vorgesehenen Stellen im Kräuter-

beet gesetzt. Die gut gewässerten Jungpflanzen werden vorsichtig mit dem Finger oder Pikierholz aus dem Pflanzgefäß entnommen. Dabei sollte der Wurzelballen erhalten bleiben, damit ein rasches Anwachsen möglich ist. Getopfte Küchenkräuter werden vor der Pflanzung auf dem Beet positioniert und ein Pflanzloch in der Größe des Wurzelballens wird ausgehoben. Ist der Ballen stark durchwurzelt, lohnt ein leichtes Anritzen der Wurzeln. Diese Maßnahme unterstützt die Feinwurzelbildung und das Anwachsen. Sehr lange Triebe werden vor dem Einpflanzen etwas eingekürzt, um eine neue Verzweigung anzuregen. Die Kräuter werden nur so tief ins Pflanzloch gesetzt, wie sie vorher im Gefäß standen. Ein zu tiefes Einsetzen kann zum Absterben des Sprosses führen. Die Lücken zwischen Pflanzloch und Wurzelballen werden mit Erde aufgefüllt und angedrückt. Bereits beim Pflanzen können in den umgebenden Bereich organische Nährstoffe, beispielsweise Hornspäne, eingearbeitet werden. Abschließend werden die Kräuter vorsichtig angegossen, ohne die obere Erde zu verschlämmen. Lehmige Böden neigen zu Verschlämmungen, sodass nach dem Gießen mit einer Kralle der Boden wieder aufgelockert wird. ∎

KRÄUTERTÖPFE
Bepflanzt man Kästen, Kübel und Töpfe, ist auf einen guten Wasserabzug zu achten, damit die Pflanzen nach einem starken Regen nicht unter Staunässe leiden. Löcher im Gefäßboden und eine Dränage aus Kies oder Tonscherben am Grund sorgen für einen ausreichenden Wasserabzug. Werden mehrere Kräuter in ein Gefäß gepflanzt, sollten die kleineren Pflanzen im Vordergrund stehen. Somit werden sie nicht von höheren Kräutern verdeckt und erhalten ausreichend Licht für ein optimales Wachstum.

KRÄUTER
RICHTIG *pflegen*

Gießen Das Wässern zählt zu den Pflegearbeiten, die nach dem Pflanzen oder an heißen Tagen notwendig sind.

Unkrautentfernung Unerwünschter Wildwuchs bedroht die erfolgreiche Kräuterkultur und sollte regelmäßig durch Hacken und Jäten entfernt werden.

DIE MEISTEN KRÄUTER SIND ZWAR ANSPRUCHSLOS, aber ganz ohne Pflege geht es nicht. Überlässt man ein Kräuterbeet sich selbst, entwickeln sich Unkräuter, Krankheiten und Schädlinge breiten sich aus und es kommt zu einem Verdrängungswettbewerb zwischen den Küchenkräutern.

Unerwünschte Kräuter

Hat man die Wurzelunkräuter bereits bei der Bodenbearbeitung entfernt, laufen nun mit steigender Temperatur Samenunkräuter auf. Ihre Samen sind im Boden, wo sie seit Jahren schlummern oder durch Winde eingetragen wurden. Bevor sie sich fest im Boden verwurzeln, entfernt man sie mit einer Hacke im Sämlingsstadium. Bei sonnigem, warmem Wetter lässt man sie zwischen den Kräutern abtrocknen. Sie werden durch Mikroorganismen zu Humus umgewandelt. Größere Unkräuter zieht man und entsorgt sie auf dem Kompost. Keinesfalls sollte man Samenunkräuter blühen lassen. Zu schnell ent-

ORGANISCHER DÜNGER AUS DEM GARTEN
Wie ein Kompost angelegt und eigene Pflanzenjauche hergestellt wird, sehen Sie hier oder auch unter www.m.kosmos.de/13986/tb5

wickeln sie Samen, die sich im ganzen Garten verbreiten. Eine Gegenmaßnahme stellt das Mulchen dar. Hierbei wird entweder Rinden- oder Grasmulch zwischen den Kräutern ausgebracht. Diese Abdeckung schützt den Boden nicht nur vor Unkrautbewuchs, sondern hält auch die Feuchte und regt das Bodenleben an.

Gießen

An heißen, sonnigen Tagen haben die Kräuter einen erhöhten Wasserbedarf. Um die Pflanzenentwicklung nicht zu gefährden, wird das Kräuterbeet entweder morgens (das wäre am besten!) oder abends überbraust. Die Mittagszeit ist zum Gießen weniger gut geeignet. Es können Blattschäden entstehen, wenn kaltes Wasser das erhitzte Blattwerk trifft. Lockert man nach dem Gießen die Bodenoberfläche mit einem Grubber, wird die Feuchte länger im Boden gespeichert.

Düngen

Kräuter sind bescheidene Pflanzen und kommen im Vergleich zu Zierpflanzen mit relativ wenigen Nährstoffen aus. Meist reichen fruchtbare Kompostgaben im Frühjahr, die besonders leichte oder sandige Böden aufwerten. Das Beimischen von Kompost sollte jährlich im Frühjahr wiederholt werden, da die organischen Stoffe mit der Zeit zersetzt werden. Besitzt man keinen Kompost, können dem Boden alternativ organische oder mineralische Dünger bis spätestens zum Sommer beigemischt werden. Organische Dünger haben gegenüber den Mineraldüngern den Vorteil, dass sie Nährstoffe langsam freisetzen und das Bodenleben unterstützen. Auch selbst angesetzte Pflanzenbrühen, z. B. aus Brennnesseln, stärken die Pflanzen. ■

GUT VERSORGT
1. Kräuter düngen
Dünger sollte gut in den Boden eingearbeitet werden.
2. Humus einarbeiten
Im Frühjahr verbessern Kompostgaben den Boden, indem die Speicherfähigkeit für Wasser und Nährstoffe erhöht wird.
3. Mulch ausbringen
Natürliche Mulchmaterialien verhindern einen starken Wildbewuchs zwischen den Kräutern.

KÜCHENKRÄUTER SELBST *vermehren*

DIE MEISTEN KÜCHENKRÄUTER lassen sich einfach vermehren, entweder auf generativem oder vegetativem Weg. Bei der sogenannten generativen Vermehrung entstehen durch die Aussaat von Samen neue Pflanzen. Diese Methode ist sehr effizient, da Samen in reichlicher Menge gebildet werden. An Grenzen stößt man jedoch bei ausgelesenen Sorten oder schwer keimenden Pflanzen. Hier setzt man auf den vegetativen Vermehrungsweg: Teilungsstücke, Absenker oder Stecklinge entwickeln sich zu erbgleichen Nachkommen. Sie besitzen die gleichen Eigenschaften wie die Mutterpflanze.

Vermehrung durch Samen

Die generative Vermehrung ist sehr beliebt, denn sie ist einfach und günstig. Nach der Befruchtung der Blüten bilden sich die Samen. Sind die Samen im Spätsommer oder Hebst reif, eignet sich sonniges, warmes Wetter für die Samenernte. Zur Prüfung löst man einige Samen vorsichtig mit den Fingern aus dem Samenstand. Lassen sie sich widerstandslos abnehmen, sind die Samen reif und können geerntet werden. Die Samen werden trocken in beschrifteten Samentüten bis zur Aussaat im Folgejahr gelagert.

1. Stecklinge schneiden Kopfstecklinge erhalten nach dem dritten bis fünften Blattpaar einen scharfen Anschnitt.

2. Stecken Die Triebspitzen werden in gleichmäßigen Abständen in eine Schale mit Vermehrungssubstrat gesteckt.

Saatgut Reifer Samen hat eine bräunliche Färbung und lässt sich bei der Ernte leicht aus dem Samenstand lösen.

Teilung Im Herbst oder Frühjahr werden große Wurzelstöcke vorsichtig geteilt und neu eingepflanzt.

Stecklingsvermehrung

Die Vermehrung durch Stecklinge ist eine beliebte Methode, um aus einer Mutterpflanze gleichwertige Pflanzen nachzuziehen. Verbreitet ist die Vermehrungsart bei Sorten und Züchtungen, z. B. Minzen, Rosmarin oder Salbei. Hierzu werden im Frühsommer Triebspitzen mit vier bis fünf Blattpaaren geschnitten. Die untersten zwei oder drei Blattpaare werden entfernt. Unter dem letzten Knoten wird ein sauberer Anschnitt gesetzt. Statt mit Bewurzelungspulver kann man die Wurzelbildung auch durch Weidenwasser unterstützen. Hierbei lässt man die Schnittstelle der Stecklinge etwa fünf Minuten lang im Weidenwasser ziehen, bevor diese in ein Vermehrungssubstrat, beispielsweise ein Gemisch aus Kräutererde und Sand, gesteckt werden. Nach dem Einsetzen ins Substrat werden die Stecklinge mit Wasser überbraust und mit einer lichtdurchlässigen Folienhaube abgedeckt. Darunter entsteht ein feuchtwarmes Mikroklima. Bereits nach zwei Wochen kann man frisches Wachstum und erste Feinwurzeln erkennen. Sobald sich die Stecklinge etwas entwickelt haben, kann die Folienhaube

entfernt werden. Bevor sie jedoch ins Freiland aus- oder verpflanzt werden, gibt man ihnen noch etwas Zeit, sich abzuhärten.

Kräuter teilen

Die Teilung kommt ebenfalls zur Vermehrung zum Einsatz und auch dann, wenn wuchskräftige Pflanzen verkleinert werden sollen. Hierbei werden Wurzelstöcke oder Rhizome im zeitigen Frühjahr vor dem Austrieb oder im Herbst geteilt. Bei frostfreiem Wetter wird mit einem Spaten der Wurzelstock ausgehoben und die Erde grob entfernt. Je nach Pflanzenart und Größe werden die Wurzelstöcke mit einem scharfen Messer, dem Spaten oder den Händen geteilt. An jedem Wurzelstück sollten ausreichend Feinwurzeln verbleiben. Die Wurzelstöcke werden an den neuen vorbereiteten Pflanzstellen eingesetzt. ∎

BEWURZELUNGSHILFE Weidenwasser fördert die Bewurzelung von Stecklingen. Wie Sie es selbst herstellen können, sehen Sie hier oder unter www.m.kosmos.de/13986/tb6

KRANKHEITEN
UND *Schädlinge*

AUCH MIT DER BESTEN PFLEGE bleiben Küchenkräuter nicht immer gesund. Die Ursachen reichen von den Witterungsbedingungen bis zur falschen Pflege und Standortwahl. Mit dem Einsatz von Pflanzenstärkungsmitteln und einem ausreichenden Pflanzabstand handelt man vorbeugend. Befallene Pflanzenteile sollten umgehend entfernt werden. Pflanzenschutzmittel stellen die letzte Möglichkeit einer Bekämpfung dar. Rückstände können sich in den Kräutern einlagern, sodass von ihrem Verzehr abzuraten ist.

Pflanzenkrankheiten

Pflanzenerkrankungen an Kräutern lassen sich häufig auf einen Befall von Pilzen, seltener auf Bakterien und Viren zurückführen.

Pilzerkrankungen begegnet man in allen Entwicklungsstadien. Besonders gefährlich und leider auch häufig ist ein Pilzbefall im Jungpflanzenstadium. Ein feuchtwarmes Klima begünstigt die Ausbreitung. Häufige Ursachen sind geringe

NÜTZLINGSPFLANZEN So locken Sie nützliche Insekten in Ihren Kräutergarten. Pflanzenbeschreibungen finden Sie hier oder unter www.m.kosmos.de/13986/tb7

Abstände zwischen den Pflanzen, mangelnder Luftaustausch, feuchter Boden und warme Temperaturen. Bei einem Befall parasitieren die Pilze die Kräuterpflanzen, indem sie ihnen Nährstoffe und Wasser entziehen, was zum Absterben der Pflanze führen kann. Sie verbreiten sich durch Sporen aus dem Boden oder der Nachbarschaft, die durch die Luft übertragen werden. Symptome für einen Pilzbefall können sich beispielsweise durch eine Welke oder einen farblich markanten Pilzrasen zeigen.

Gefürchtet ist die Fusarium-Welke (*Fusarium oxysporum*) bei Basilikum. Der Schimmelpilz befällt die wasserführenden Adern und verstopft sie. Damit kommt es zu einer Welke und dem anschließenden Absterben der Pflanze.

Ein anderer Schadpilz ist Echter Mehltau, der häufig Indianernesseln, Salbei oder Minzen befällt. Der Pilz verbreitet sich in den warmen Sommermonaten durch umherfliegende Pilzsporen. Sie setzen sich auf dem Laub ab und dringen über verlängerte Saugfortsätze in die Blätter ein. Sie entziehen den Pflanzen wichtige Nährstoffe und bilden einen weißlichen Pilzrasen. Vorbeugend festigen Pflanzenstärkungsmittel, z. B. aus Acker-Schachtelhalm, die Blätter. Einen Befall kann man jedoch nicht ausschließen. Von Pilzen befallene Blätter und Sprosse sollte man sofort zurückschneiden und im Biomüll entsorgen. Behutsames Vorgehen verhindert die Sporenverteilung in der Umgebung.

Schädlinge

Tierische Schaderreger verursachen Fraß- oder Saugschäden. Die größten Feinde im Kräutergarten sind die Nacktschnecken, die in der feuchten Kühle der Nacht ihren Appetit stillen. Wer auf Chemie und Schneckenkorn verzichten möchte, sollte sich mit mühsamem Ablesen anfreunden oder auf Schneckenfallen zurückgreifen. Ebenfalls starke Fraßschäden werden von Blattkäfern und Schmetterlingsraupen verursacht. Saugschäden sind typisch für Blattläuse und Spinnmilben. Sie ziehen den Pflanzensaft aus den Blättern, sodass die Kräuter in ihrer Entwicklung eingeschränkt werden. Eine feuchtwarme Witterung mit wenig Luftbewegung begünstigt die Ausbreitung von Blattläusen. Zur Bekämpfung lohnt ein Versuch mit Gelbtafeln und biologischen Pflanzenschutzmitteln. Vor-

Fraßschaden Schnecken, Raupen und Käfer hinterlassen angefressene Blätter. Besonders gefährdet sind Jungpflanzen und das junge zarte Grün in den Frühjahrsmonaten.

beugend können die Kräuter mit Schachtelhalmbrühe behandelt werden, die das Blattgewebe aushärtet – Schädlinge haben es dann nicht mehr so leicht. Je vielfältiger Ihr Garten ist, umso wohler fühlen sich außerdem nützliche Insekten wie Marienkäfer, Raubmilben und Gallmücken, die Blattläuse und andere Schadinsekten auf dem Speiseplan haben. Besonders beliebt bei Nützlingen sind Schafgarbe, Süßdolde und Ringelblume. ■

Blattsauger Feuchtwarmes Wetter und geringer Luftwechsel sind optimale Bedingungen für Blattläuse.

Fleckige Stellen Blattflecken an Kräutern deuten auf einen Pilzbefall hin, der vor allem bei feuchtwarmer Witterung entsteht.

Weißer Filz Bildet sich während des Sommers auf den Blättern ein weißer Belag, handelt es sich meist um Mehltau.

Kräuterernte Das Ernten frischer Kräuter ist ein Fest für die Sinne und der Lohn für die vorherige Pflege.

Kräuter ernten UND
AUFBEWAHREN

JE NACH VERWENDUNGSZWECK UND PFLANZENART werden Blätter, Blüten, Samen oder Wurzeln geerntet. Der optimale Erntezeitpunkt hängt davon ab, wann der höchste Wirkstoffgehalt vorhanden ist.

Blätter und Sprosse

Blätter und der Spross sind kurz vor der Blüte zu ernten. Zu diesem Zeitpunkt ist der Gehalt an Aromen und Inhaltsstoffen am höchsten. Später werden diese Reservestoffe für die Blüten- und Samenbildung umgewandelt und verbraucht. Junge Blätter lassen sich fast immer pflücken. Zum Ernten bieten sich die Morgen- oder Vormittagsstunden an, denn die Blätter sind durch den Tau sehr frisch. Geerntet werden nicht nur einzelne Blätter, sondern ganze Triebspitzen oder Sprosse. Man vermeidet so das Verkahlen einzelner Triebe und regt einen verzweigten Neutrieb der Pflanze an. Nach dem Ernten sind die Blätter vorsichtig unter klarem Wasser zu reinigen. Staub und Schmutz werden abgespült, denn sie verderben das spätere Würzmittel. Blätter und Sprosse verwendet man gern in der frischen Küche, für Salate, Suppen oder Gemüsespeisen.

Blüten

Kapuzinerkresse, Rosenmelisse oder Hopfen-Oregano sind Beispiele für Blütenkräuter. Ihre Blüten schmecken delikat und garnieren Speisen. Die Ernte erfolgt im entsprechenden Blütezeitraum, sobald sich die Blüten vollständig geöffnet haben. Man erntet zur Mittagszeit bei trockenem Wetter, wenn der Morgentau gut abgetrocknet ist. Feuchte Blüten werden schnell von Schimmel befallen. Sollen die Blüten nicht sofort verarbeitet werden, können sie an einem luftig-schattierten Ort getrocknet werden.

Samen

Von Kräutern wie Anis, Fenchel, Koriander oder Kümmel werden die Samen geerntet. Die Samen folgen im Entwicklungszyklus den Blüten. Sie

Blatternte Geerntet werden nicht nur einzelne Blätter, sondern ganze Triebe. So wird der Neuaustrieb angeregt.

sind reif, sobald sie sich mit den Fingern leicht aus dem Samenstand lösen lassen. Die Ernte erfolgt behutsam bei trockenem Wetter in den Mittags- oder Nachmittagsstunden. Lockere Samen fallen bereits bei kleinen Schwingungen zu Boden. Nach Abnahme der Samenkörner werden sie von Verunreinigungen, beispielsweise Rückständen vom Samenstand, gesäubert. Es empfiehlt sich, einen kleineren Teil der geernteten Samen für Folgesaaten in beschrifteten Saatguttüten aufzubewahren.

Wurzeln

Die Wurzelernte erfolgt im Herbst nach Abschluss der Vegetation. Man kann diese Arbeit mit Pflanz- oder Teilungsarbeiten verbinden. Die Wurzelkräuter Meerrettich, Bärwurz oder Alant werden im Herbst mit einem Spaten ausgestochen. Der Wurzelstock wird geteilt und ein Teilungsstück wieder ins Kräuterbeet gepflanzt. Die geernteten Wurzeln werden gründlich von Erdpartikeln gereinigt. Feinwurzeln werden weggeschnitten, sodass kräftige Wurzelstücke übrig bleiben.
Werden die Wurzeln nicht unmittelbar weiterverarbeitet, kann man sie gut im Kühlschrank für einige Wochen aufbewahren. ■

Kräuter & Gewürze
HALTBAR MACHEN

OFT SOLLEN DIE GEERNTETEN PFLANZENTEILE zu einem späteren Zeitpunkt verwendet werden. Zum Haltbarmachen bieten sich verschiedene Konservierungsmethoden an.

Trocknen

Die einfachste und gebräuchlichste Konservierungsmethode stellt das Trocknen dar. Zum Trocknen eignen sich alle stark aromatischen Kräuter wie Rosmarin, Oregano, Thymian oder Liebstöckel. Die geschnittenen Sprosse werden kopfüber in Bündeln mit maximal zehn Stielen an einem luftigen, schattierten Ort, zum Beispiel dem Dachboden, aufgehängt. Wie lange der Trocknungsprozess dauert, hängt von der Temperatur, dem Erntegut und dem Luftwechsel ab. Um möglichst wenige Aromen im Trocknungsprozess zu verlieren, sollte man die Kräuter die ersten 24 Stunden bei möglichst 30° C, danach bei 25° C trocknen.

Zum Trocknen von losen Blättern und Blüten werden diese nebeneinander in flachen stapelbaren Kisten ausgebreitet. Sobald sich die getrockneten Kräuter gut zerbrechen lassen, sind sie für die Lagerung ausreichend trocken.

In kleinen Bündeln So trocknen Kräuter kopfüber an einem trockenen, schattigen Ort innerhalb kurzer Zeit.

Alternative Konservierungsmethoden

Einfrieren bietet sich für Kräuter an, die ihre Frische behalten sollen. Basilikum, Schnittlauch Petersilie und andere Salatkräuter werden gründlich mit klarem Wasser gereinigt und vorsichtig mit einem Küchentuch grob abgetrocknet, anschließend klein geschnitten und in gefrierfeste Dosen gefüllt. Noch einfacher ist es, ganze Triebspitzen oder Kräutersträuße in Gefrierbeuteln einzufrieren.

Einsalzen entzieht den Kräutern das Wasser und konserviert sie auf diese Weise. Hierbei werden klein geschnittene, frische Kräuter lagenweise in Salz geschichtet. Die Gläser werden nach dem Befüllen luftdicht verschlossen und an einem dunklen Ort gelagert.

In Glasflaschen lassen sich stark aromatische Kräuter wie Basilikum, Estragon oder Rosmarin in Öl oder Essig konservieren. Mehrere Kräuterzweige geben innerhalb von zwei bis vier Wochen im pflanzlichen Öl oder Branntweinessig ihr Aroma an einem halbschattigen Standort ab. Nach dieser Zeit gießt man die Flüssigkeit durch ein Tuch oder Sieb ab und füllt sie in eine saubere Flasche um.

Kräutermischungen für die Küche

Für die Lieblingsspeisen empfiehlt sich das Anfertigen von passenden Kräutermischungen. Je nach Gericht werden unterschiedliche Kräuter gemeinsam für die spätere Verwendung konserviert. So hat man alle benötigten Kräuter mit einem Griff parat (siehe Tabelle). ∎

Einfrosten Blätter und Sprosse von Salatkräutern werden am besten unmittelbar nach der Ernte verarbeitet. Für eine spätere Verwendung lassen sie sich klein gehackt einfrieren.

DAS SCHMECKT ZUSAMMEN

Gericht	Kräuter
Gemüse	Basilikum, Bohnenkraut, Estragon, Kerbel, Liebstöckel, Oregano, Rosmarin, Thymian
Eier	Anis, Basilikum, Brunnenkresse, Dill, Ingwer, Kreuzkümmel, Petersilie, Salbei
Kartoffeln	Dill, Kümmel, Liebstöckel, Majoran, Oregano, Petersilie, Rosmarin
Pilze	Anis, Dill, Minze, Petersilie, Rosmarin, Thymian
Ente	Estragon, Liebstöckel, Lorbeer, Majoran, Rosmarin, Salbei
Huhn	Bohnenkraut, Estragon, Fenchel, Kerbel, Petersilie, Schnittlauch, Thymian
Rind	Basilikum, Bohnenkraut, Estragon, Kümmel, Liebstöckel, Majoran, Oregano, Salbei, Thymian
Schwein	Kerbel, Koriander, Liebstöckel, Majoran, Rosmarin, Salbei, Thymian
Wild	Bohnenkraut, Liebstöckel, Lorbeer, Majoran, Rosmarin, Salbei
Fisch	Basilikum, Dill, Fenchel, Kerbel, Kümmel, Liebstöckel, Lorbeer, Schnittlauch, Thymian, Zitronen-Melisse

Essig und Öl Gleichermaßen dekorativ und schmackhaft ist die Konservierung von Kräutern und Gewürzen in Öl oder Essig.

VORBEREITUNGEN FÜR DEN *Winter*

WENN SICH DAS JAHR DEM ENDE NEIGT und sich die Natur bunt verfärbt, ist es an der Zeit, den Kräutergarten winterfest zu machen. Bei den meisten Gartenkräutern handelt es sich um frostharte und mehrjährige Pflanzen, die den Winter in unseren Breiten auch draußen gut überstehen können. Dennoch sind einige Wintervorkehrungen zu treffen, damit man im kommenden Frühjahr ohne Verzug ins neue Kräuterjahr starten kann.

Rückschnitt im Herbst Groß gewachsene Kräuter werden vor der Überwinterung in Form oder zurückgeschnitten.

Winterschutz im Garten

Mit dem beginnenden Laubfall im Herbst ziehen sich die Kräuter in die winterliche Ruhephase zurück. Mit Ausnahme der immergrünen Kräuterpflanzen wie Bohnenkraut, Salbei oder Thymian sterben die Sprosse zum Spätherbst ab. Die abgestorbenen Blätter und Zweige werden knapp über dem Boden abgeschnitten und auf dem Kompost entsorgt. Um mögliche Erfrierungsschäden durch starke Kahlfröste zu vermeiden, empfiehlt sich als Vorsichtsmaßnahme eine Abdeckung mit Tannenreisig. Es schützt die Triebknospen im Wurzelstock und reduziert die Gefahr von Frostschäden. Für immergrüne Kräuterpflanzen empfiehlt sich generell eine Abdeckung mit Frostschutzvlies oder Tannenreisig. Diese Kräuter sind insbesondere bei Kahlfrösten stark gefährdet zu vertrocknen („Frosttrocknis"), da sie aus dem gefrorenen Boden kein Wasser ziehen können. Eine Abdeckung schützt und mindert die Pflanzenaktivität im Winter.

Geschützt überwintern

In den letzten Jahren sind zahlreiche Kräuter aus wärmeren Regionen populär geworden. Sie überstehen bei uns den Winter im Freiland nicht

Winterschutz Immergrüne Kräuter wie Lavendel, Rosmarin, Salbei oder Thymian sollten vor Kahlfrösten und Frosttrocknis mit Vlies oder einer Abdeckung geschützt werden.

Die Temperaturen während der Überwinterung sollten um die 10° C liegen. Zu warme Temperaturen lassen die Pflanzen in neues Wachstum starten. Das erhöht die Gefahr eines Krankheits- und Schädlingsbefalles. Bei hohen Temperaturen ist häufiger zu lüften und der Luftaustausch zu verbessern.

Das Gießen sollte auf ein Mindestmaß beschränkt werden. Es reicht vollkommen aus, wenn das Substrat etwas feucht ist. Zu häufiges Gießen verursacht Wurzelschäden, da die Pflanzen unter der winterlichen Lichtarmut ein Zuviel an Wasser nicht verarbeiten können.

Sobald im Frühjahr keine Frostgefahr mehr besteht, können die frostempfindlichen Kräuter zur Abhärtung ins Freie gestellt werden. Kündigt der Wetterbericht jedoch Spätfröste an, sind die Kräuter entweder wieder ins Haus zu holen oder mit Frostschutz abzudecken. Ein Auspflanzen ist erst nach den Eisheiligen Mitte Mai zu empfehlen. ■

und müssen wie andere exotische Kübelpflanzen frostfrei überwintert werden. Ananas-Salbei, Zitronenverbene, Strauch-Basilikum und andere Kräuterexoten werden vor dem ersten Frost aus dem Kräuterbeet ausgestochen und in einen großen Kübel in nährstoffarme Erde umgepflanzt. In diesem Zuge werden lange Triebe zurückgeschnitten. Hierbei sollte man jedoch nur so weit zurückschneiden, dass noch Knospen für einen neuen Austrieb erhalten bleiben. Abhängig von der Art kann der Rückschnitt bis ins Holz geführt werden.

Nach dem Umsetzen werden die Kräuter ins Winterquartier geräumt. Handelt es sich um immer- oder wintergrüne Pflanzen, so ist ein heller Standort auf der Fensterbank, im Wintergarten oder dem Gewächshaus zu wählen. Laubabwerfende Arten, beispielsweise die Zitronenverbene, vertragen auch einen dunklen Standort.

Schützend Tannenreisig eignet sich gut als luftiger Frostschutz. Die Kübel sollten auch seitlich geschützt werden.

Kräuter für jeden Geschmack

PORTRÄTS

KRÄUTER FÜR DIE KÜCHE

S. 54

Klassische Küchenkräuter

Viele Kräuter und Gewürze wie Liebstöckel oder Majoran waren schon in Großmutters Küche beliebt und gehören von alters her zur Grundausstattung eines guten Koches. Ihre intensiven Aromen verwandeln Speisen zu Delikatessen. Ganz nebenbei regen sie mit ihren heilkräftigen Wirkstoffen auch den Appetit und die Verdauung an.

S. 62

Die Stars in der Gourmetküche

Außergewöhnliche Kräuter begeistern die moderne Küche. Besonders angesagt sind zurzeit:

❑ Indianernessel *(Monarda didyma)*
❑ Anisysop *(Agastache foeniculum)*
❑ Mexikanische Duftnessel *(Agastache mexicana)*
❑ Bananen-Minze *(Mentha arvensis* 'Banana')
❑ Kapuzinerkresse *(Tropaeolum majus*, Foto)
❑ Hopfen-Oregano *(Origanum rotundifolium)*

S. 64

Mediterrane Kräuter

Als Hochgenuss der Esskultur gilt die mediterrane Küche. Ihre Würze verdankt sie den vielfältigen Aromen der Kräuter des Südens. Die meisten mediterranen Kräuter wie Basilikum (Foto), Thymian, Oregano und Salbei haben sich bis heute auch an das mitteleuropäische Klima gewöhnt und sind ein fester Bestandteil hiesiger Kräutergärten. An sonnigen Plätzen gedeihen sie problemlos und entwickeln ein leichtes Flair vom Urlaub im Süden.

S. 70

Süße Kräuterversuchungen

Speisen und Getränke verlangen nicht nur Würze, sondern häufig auch Süße. Lange Zeit galt Zucker als alternativlos. Das hat sich jedoch durch die steigende Popularität der **Süßkräuter** in den letzten Jahren verändert. Zu Anfang noch mit Skepsis betrachtet, sind sie heute eine beliebte und **gesunde Zuckeralternative** für Getränke, Süßspeisen und Desserts.

S. 72

Kräuter der Asia-Küche

Asien und seine Küche verbindet man mit duftenden Kräutermärkten und exotischen und scharfen Speisen. Bereits seit Jahrtausenden wird dort eine ausgeprägte Kräuterkunde gepflegt, die sich in Mitteleuropa immer größerer Beliebtheit erfreut. Asiatisch zu kochen macht nicht nur Spaß, sondern ist auch gesund. Die aromatischen Zutaten lassen sich sogar recht einfach im eigenen Kräutergarten anbauen: Anis, Ingwer, Kaffir-Limette, Koriander, Shiso, Thai-Basilikum, Wasabi und Zitronengras.

Klassische
KÜCHENKRÄUTER

Borretsch
Borrago officinalis

Beschreibung Das einjährige Kraut wird bis zu 80 cm hoch und besitzt raue Blätter, ab dem Frühsommer zeigen sich leuchtend blaue Blüten.
Anbau Aussaat ist ab März in geschützter Vorkultur oder nach Mitte Mai direkt im Beet möglich – möglichst sonnig mit durchlässigem, fruchtbarem Boden. Nach der Blüte vermehrt sich die Pflanze durch Selbstaussaat.
Ernte und Verwendung Junge Blätter lassen sich klein geschnitten sparsam für Brotaufstriche, Käse und Salate nutzen. Die essbaren Blüten sind eine beliebte Garnierung für Salate.

Dill
Anethum graveolens

Beschreibung Das bis zu 80 cm hohe einjährige Würzkraut aus Vorderasien bildet im Sommer dekorative, gelbe Blütendolden.
Anbau Dill bevorzugt sonnige Standorte auf fruchtbaren Böden. Die Samen der einjährigen Pflanze werden nach den Eisheiligen direkt ins Beet gesät (Dunkelkeimer). Zu starkes Wässern vermeiden.
Ernte und Verwendung Frische Blätter würzen Gurken- und Salatspeisen, Kräuterquark und saure Konserven. Gemahlene Samen verfeinern Fleischspeisen und orientalische Gerichte.

Intensive Aromen, verdauungsfördernde Eigenschaften und gesunde In-haltsstoffe zeichnen Küchenkräuter aus. Sowohl Hausmannskost als auch exotischen Gerichten verleihen sie eine ganz besondere Geschmacksnote.

Estragon
Artemisia dracunculus

Beschreibung Estragon wächst als winterhartes Kraut zu einem bis zu 1,5 m hohen Busch mit schmalen, fein aromatischen Blättern heran.

Anbau Lichtkeimer. Sonnige Lage mit fruchtbarem Boden und etwa 0,5 m zum Nachbarn wählen.

Ernte und Verwendung Fein gehackte Blätter während des Sommers frisch für Gurkengerichte, Kräuterbutter, Suppen, Soßen und Salate verwenden. Das Aroma der französischen Unterart ist lieblicher als das des Russischen Estragons.

Weitere Arten Beifuß und Wermut liefern verdauungsfördernde Würze für Fleischgerichte.

Fenchel
Foeniculum vulgare

Beschreibung Das mehrjährige Kraut wächst zu einer mannshohen Pflanze heran, mit dekorativem, feinem Laub und gelben Blütendolden im Hochsommer.

Anbau Fenchel liebt Sonnenplätze mit fruchtbarem, gut dräniertem Boden. Samen ab April direkt ins Beet aussäen. Große Pflanzen im Frühjahr oder Herbst teilen. Winternässe vermeiden.

Ernte und Verwendung Blätter würzen den Sommer über Salate, Suppen, Gemüse- und Fischgerichte. Die vollreifen, gemahlenen Samen verleihen Soßen oder Brot eine besondere Note.

Kerbel

Anthriscus cerefolium

Beschreibung Das einjährige Kraut ist vom Mittelmeergebiet bis nach Asien beheimatet. Der verzweigte, etwa 60 cm hohe Spross entwickelt im Sommer endständige zarte, weiße Dolden, die sich dekorativ vom gefiederten Laub abheben.

Anbau Die Aussaat findet im Frühjahr in geschützter Vorkultur auf der Fensterbank oder als Direktsaat im sonnigen Beet ab Mitte Mai statt (Lichtkeimer). Übermäßiges Wässern sollte bei der weiteren Kultur vermieden werden.

Ernte und Verwendung Die mineralstoff- und vitaminreichen Blätter besitzen ein petersilienartiges Aroma für Soßen (z. B. Frankfurter Grüne Soße), Suppen, Salate und leichte Fleischspeisen. Auf das Mitkochen sollte verzichtet werden, da das Grün sonst rasch sein Aroma verliert.

Kresse, Gartenkresse

Lepidium sativum

Beschreibung Das einjährige Gewürzkraut wird bis zu 50 cm hoch und bildet im Sommer kleine, weiße Blüten.

Anbau Als frühe Kultur wird Kresse bereits im Februar in kleinen Schalen ausgesät (Lichtkeimer) und am Fenster kultiviert. Im Freiland empfiehlt sich die Direktsaat ab Mai im sonnigen Beet auf fruchtbarem Boden. Die Pflanzen wachsen recht schnell und benötigen keine besonderen Pflegemaßnahmen.

Ernte und Verwendung Die Keimlinge werden als Sprossen oder die fiederteiligen Blätter im frühen Entwicklungsstadium für Salate, Brotaufstriche und Soßen geerntet.

Weitere Arten Senfkresse *(Lepidium latifolium)* ist robust und mehrjährig, mit großen Blättern und scharfem Kresse-Meerrettich-Geschmack.

Kümmel
Carum carvi

Beschreibung Die bis zu 60 cm hohe, zweijährige, winterharte Pflanze entwickelt zwei- bis dreifach gefiederte Blätter. Erst im zweiten Standjahr bilden sich weiße Blütendolden und anschließend die Samen mit dem typischen, intensiven Aroma.

Anbau Die Samen werden im Frühjahr direkt ins sonnige Beet in mäßig fruchtbare Erde ausgesät (Lichtkeimer). Wenig wässern und düngen.

Ernte und Verwendung Das mild aromatische Laub kann den Sommer über als Salatwürze verwendet werden. Hauptsächlich werden jedoch die Samen im Spätsommer/Herbst geerntet. Ihre verdauungsfördernden Eigenschaften lassen sich in fetten Fleischgerichten, Suppen, Soßen, Käse-, Kartoffel- oder Pilzspeisen nutzen. Um das Aroma gleichmäßiger zu verteilen, empfiehlt sich das Zermahlen der Samen vor der Verwendung.

Liebstöckel
Levisticum officinale

Beschreibung Die mehrjährige Staude kennt man als mannshohes Maggikraut. Sie entwickelt dreizählige bis fiederschnittige Blätter mit stark würzigem Aroma. Die gelbgrünen Blüten erscheinen im Sommer in Doppeldolden.

Anbau Liebstöckel bevorzugt sonnige bis absonnige Plätze mit frischem, fruchtbarem Boden. Die Samen werden im Frühjahr in Vorkultur ausgesät (Dunkelkeimer) und ab Mitte Mai ausgepflanzt. Große Stöcke lassen sich im Frühjahr oder Herbst mit einem Spaten teilen.

Ernte und Verwendung Klassisch werden die Blätter frisch oder getrocknet für Suppen, Soßen, Salate und Geflügelgerichte genutzt. Zermahlene Samen würzen Brot, Reis- und Kartoffelspeisen. Geschälte Wurzeln können nach der Herbsternte gekocht verzehrt werden.

Majoran
Origanum majorana

Beschreibung Der verästelte Spross des einjährigen Krauts wird bis zu 50 cm hoch. An ihm befinden sich viele kleine, rundliche Blätter mit starkem Duft. Ab dem Sommer bilden sich in den Blattachseln kleine, weiße Blüten, die in Scheinähren zusammengesetzt sind.

Anbau Aussaat als geschützte Vorkultur ab März auf der Fensterbank oder im Mai direkt ins Beet (Lichtkeimer). Sonnige Lagen und durchlässiger, mäßig fruchtbarer Boden bieten gute Wachstumsbedingungen. Starke Wassergaben schaden der Pflanzenentwicklung.

Ernte und Verwendung Der gesamte Spross wird zu Blühbeginn geerntet. Er würzt frisch oder getrocknet Gemüse-, Kartoffel- und Wurstgerichte.

Weitere Art Ausdauernder Majoran (*Origanum vulgare* x *majorana*) ist eine mehrjährige, aber frostempfindliche Kreuzung zwischen Majoran und Oregano mit feinem Majoran-Aroma.

Meerrettich
Armoracia rusticana

Beschreibung Das ursprünglich aus Südeuropa stammende mehrjährige, robuste Gewürzkraut wächst zu einer knapp 1 m hohen Pflanze mit großen Blättern und weißen Blüten heran.

Anbau Meerrettich liebt halbschattige Plätze und feuchte nährstoffreiche Böden. Zu starkes Wachstum lässt sich durch regelmäßige Wurzelernte im Herbst im Zaum halten. Eine Düngung im Frühjahr und Wassergaben an heißen Sommertagen unterstützen das Pflanzenwachstum. Die Vermehrung erfolgt durch Teilung des Wurzelstockes im Herbst im Zuge der Ernte.

Ernte und Verwendung Junge, frische Sprosse können von Frühjahr bis Sommer geerntet und frisch für Salate genutzt werden. Geriebene Wurzeln geben Fleisch- und Fischspeisen die typische Schärfe. Die Wurzeln behalten im Gemüsefach des Kühlschranks ihre Frische.

Petersilie
Petroselinum crispum

Beschreibung Von Nordafrika eingeführt, ist Petersilie in nahezu jeder europäischen Küche zu finden. Aus einer kräftigen Pfahlwurzel treibt die zweijährige Pflanze fiederspaltiges Laub, das je nach Art kraus oder glatt ist.

Anbau Sonnige Plätze mit frischem, nahrhaftem Boden eignen sich als Standort. Samen werden ab März in geschützter Topfkultur unter Glas oder ab April direkt ins Beet gesät. Regelmäßige Humusgaben fördern die Entwicklung.

Ernte und Verwendung Frische Blätter können ganzjährig geerntet werden. Sie verfeinern Kartoffelgerichte, Quark, Salate, Suppen oder Soßen. Zur Konservierung bietet sich das Einfrieren klein gehackter Blätter an.

Weitere Arten Mutterwurz (*Ligusticum scoticum*), auch als Schottisches Liebstöckel bekannt, wird wegen seines starken Petersilienaromas als ausdauernde Petersilie verwendet.

Portulak, Sommer-Portulak
Portulaca oleracea

Beschreibung Das einjährige Gewürzkraut aus Asien entwickelt einen bis zu 40 cm hohen und stark verzweigten Spross. An seinen Stängeln befinden sich fleischige Blätter. Ab dem Sommer erscheinen gelbe, unscheinbare Blüten.

Anbau Aussaat ab Mai direkt in durchlässiger Erde im Sonnenbeet. Als Dunkelkeimer sollten die Samen leicht mit Erde bedeckt werden. Nasse Böden vermeiden.

Ernte und Verwendung Geerntet wird der gesamte Spross vom Frühjahr bis in den Sommer. Wegen ihres frischen Aromas und des hohen Gehalts an Vitamin C sind die saftigen Blätter eine willkommene Bereicherung für Rohkost, Salate oder Suppen.

Weitere Arten Der nach Portulak schmeckende Madeirawein (*Anredera cordifolia*) ist eine mehrjährige kletternde Alternative für den Kübel, da die Pflanze nicht frosthart ist.

Rucola
Diplotaxis tenuifolia

Beschreibung Der sparrige Spross der zweijährigen Mittelmeerpflanze wird etwa 80 cm hoch. Die gelben Blüten erscheinen im Hochsommer. Bekannt ist die Pflanze auch als Schmalblättriger Doppelsame.

Anbau Die Pflanze lässt sich durch Direktsaat im Freiland an sonnigen Plätzen auf mageren Böden anziehen. Die Vermehrung erfolgt durch Selbstaussaat.

Ernte und Verwendung Die Ernte der Blätter erfolgt im ersten Jahr, sobald die Blattrosette gut ausgebildet ist. Rucola wird häufig als Salat- und Suppenpflanze oder Pizzabelag verwendet. Sein leicht bitteres Aroma wirkt appetitanregend.

Weitere Art Unter der Bezeichnung Rucola, Salat-Rauke oder Öl-Rauke wird auch die einjährige Garten-Senfrauke *(Eruca sativa)* angeboten, die etwas milder schmeckt.

Sauerampfer
Rumex acetosa

Beschreibung Das mehrjährige Wildkraut ist auf Feuchtwiesen heimisch. An dem bis zu 60 cm hohen Spross sitzen grasgrüne Blätter mit einem stark säuerlichen Aroma. Die rotgrünen Blüten bilden sich im Frühsommer.

Anbau Sauerampfer benötigt einen feuchten Boden in sonniger bis leicht halbschattiger Lage. Die Samen werden im zeitigen Frühjahr direkt an Ort und Stelle ausgesät (Lichtkeimer). Die Teilung größerer Pflanzen ist im Herbst und Frühjahr möglich. An heißen Sommertagen sollte unbedingt ausreichend gewässert werden.

Ernte und Verwendung Die frischen Blätter würzen Suppen, Soßen und Salate.

Weitere Art Optisch zierend sind die Blätter des Blutampfers *(Rumex sanguineus)*. Wegen ihrer roten Blattnerven sind sie ein Blickfang im Garten und auf dem Teller, Anbau wie Sauerampfer.

Schnittlauch
Allium schoenoprasum

Beschreibung Das Zwiebelgewächs bildet röhrenförmige, kräftig würzige Blätter. Die dekorativen, violetten Blütenstände erscheinen im Mai/Juni.

Anbau Nahrhafte, frische Böden in sonniger Lage sind optimal. Vermehrt wird durch Aussaat (Dunkelkeimer) oder durch Teilung im zeitigen Frühjahr. Im Frühjahr benötigt Schnittlauch Nährstoffgaben und ausreichend Feuchte im Sommer. Teilung im Herbst.

Ernte und Verwendung Die Blätter können das ganze Jahr über knapp über dem Boden abgeschnitten werden, sie wachsen immer wieder nach. Das frische Zwiebelaroma passt zu Salaten, Quark und anderen Speisen. Die Blüten bieten sich als essbare Garnierung an.

Weitere Arten Bärlauch *(Allium ursinum)* und Schnittknoblauch *(Allium tuberosum)* überzeugen mit ihrem Knoblaucharoma.

Zitronen-Melisse
Melissa officinalis

Beschreibung An bis zu 90 cm langen, vierkantigen Stielen sind gegenständig eiförmige Blätter angeordnet. Die kleinen, weißen Lippenblüten der mehrjährigen, winterharten Pflanze locken im Sommer nützliche Insekten an.

Anbau Zitronen-Melisse ist eine anspruchslose Pflanze. Sie gedeiht an sonnigen bis leicht beschatteten Plätzen auf mäßig fruchtbaren Böden. Große oder wuchernde Pflanzen können im Frühjahr oder Herbst geteilt werden. Die Vermehrung kann auch durch Samen (Direktsaat, Dunkelkeimer) oder Stecklinge im späten Frühjahr erfolgen.

Ernte und Verwendung Das Kraut wird vor der Blüte geerntet und kann sowohl frisch als auch getrocknet verwendet werden. Die Blätter geben Eintöpfen, Suppen, Salaten, Süßspeisen und Getränken ein frisches, zitroniges Aroma.

AUSSERGEWÖHNLICHE
Kräuterraffinessen

BLÜTEN UND BLÄTTER MIT AUSSERGEWÖHNLICHEM DUFT oder Geschmack verwandeln Getränke und Speisen zu kulinarischen Delikatessen.

Duftige Fruchtaromen

Einen wundervollen Duft verströmt die Rosenmelisse (*Monarda fistulosa* x *tetraploid*). Botanisch gehört sie zu den winterharten Indianernesseln. An sonnigen Standorten mit normalem Boden gedeiht sie ohne Probleme. Auf Staunässe reagiert das Kraut jedoch empfindlich. Das runde Bukett setzt sich im Geschmack fort. Als Salatzutat oder für süße Speisen und Getränke werden Blätter und Blüten zum aromatischen i-Tüpfelchen.

Mindestens genauso interessant ist die Apfel-Melisse (*Melissa officinalis* var. *altissima*). Die Verwandte der Zitronen-Melisse entwickelt leicht behaarte Blätter mit einem wunderbaren Fruchtaroma. Sie verfeinert kühle Sommerdrinks, Eisspeisen und Obstsalate.

Rosenmelisse Die duftenden Blüten locken Bienen und Hummeln an. Als Schnittblume bereichert sie Duftsträuße.

Hopfen-Oregano Getrocknet behalten die Blüten fast ein Jahr ihre Farbe und eignen sich auch für die Trockenfloristik.

Die Zitronenverbene (*Aloysia triphylla*) zählt mit ihrem einmaligen Zitronenaroma zu den beliebtesten Küchenkräutern. Als frostempfindlicher Halbstrauch wird sie als Kübelpflanze kultiviert. Die schmallanzettlichen Blätter verführen in Tee, Limonaden und Obstspeisen verwöhnte Gaumen. Der Anisysop (*Agastache foeniculum*) zählt zu den Duftnesseln, die in unseren Breiten an sonnigen Plätzen auf normalen Böden wachsen. Die bis zu einem 1 m hochwachsende Pflanze besitzt ein starkes Anisaroma. Blätter als auch Blüten bereichern frische Speisen, Salate, Süßspeisen und kühle Sommertees.

Dekorative essbare Blüten

Viele Kräuter bieten mehr als nur essbare Blätter. Bis auf einzelne Ausnahmen zählen alle Kräuter zu den Blütenpflanzen. Die Verwendung der Blüten in der Küche ist nicht so populär, jedoch sind viele Blüten, nicht nur dekorativ, sondern auch schmackhaft und gesund. Die Ernte erfolgt

Bunte Salate Die Blüten vieler Kräuter sind nicht nur gesund und bekömmlich, sondern schmecken auch lecker.

zur Blütezeit der Kräuter. Die Kapuzinerkresse (*Tropaeolum majus*) ist das bekannteste Blütenkraut. Die orangefarbenen oder gelben Blüten der einjährigen Gewürzpflanze besitzen einen scharfen Kressegeschmack. Salate und andere Frischspeisen erhalten durch sie eine würzige und zugleich zierende Note.

Die Blüten des winterharten Hopfen-Oregano (*Origanum rotundifolium*) sind mit ihrer rosa Färbung und der hopfenähnlichen Optik ein wahrer Blickfang. Das Aroma ist milder als das des nahe verwandten Oregano. Die essbaren Blüten sind eine wertvolle Garnierung für frische Speisen. Die Blüten behalten getrocknet über mehrere Monate ihre Farbe und machen sie daher auch für die Kräuterfloristik interessant. ■

Essbare Studentenblumen Als blühfreudige Sommerblumen begeistern *Tagetes tenuifolia* Gärtner und Köche.

EXOTISCHE REZEPTE Fruchtige Rezept-Ideen mit außergewöhnlichen Blatt- und Blütenkräutern aus aller Welt finden Sie hier oder auch unter www.m.kosmos.de/13986/tb8

Mediterrane
KRÄUTER FÜR DIE KÜCHE

Basilikum
Ocimum basilicum

Beschreibung Das einjährige Kraut mit den länglich ovalen Blättern wird etwa 50 cm hoch. Im Sommer erscheinen hellrosa oder weiße Blüten.
Anbau Samen ab März auf der Fensterbank oder ab Mitte Mai ins Beet säen und nicht mit Erde bedecken (Lichtkeimer). Basilikum liebt Sonne, Wärme und frische, fruchtbare Böden. Staunässe und Schnecken sind seine größten Feinde.
Ernte und Verwendung Blätter und blühender Spross werden frisch für Tomaten, Pizza, Pasta, Salate, Käse und Suppen verwendet. Nicht mitkochen – Aromaverlust!

Berg-Bohnenkraut
Satureja montana

Beschreibung Das mehrjährige, immergrüne Kraut bildet einen etwa 30 cm hohen Spross. Zartrosa Blüten erscheinen im Hochsommer.
Anbau Ein sonniger Platz in gut durchlässiger Erde ist ideal. Aussaat ab März in Vorkultur (Lichtkeimer), Vermehrung durch Stecklinge im Frühsommer. Nach der Blüte sollte ein verjüngender Rückschnitt erfolgen.
Ernte und Verwendung Das Kraut kann ganzjährig geerntet werden. Frisch oder getrocknet würzt es mit seinem intensiven, pfeffrigen Geschmack Bohnengerichte, Fleisch- oder Gemüsespeisen.

Die Aromen der mediterranen Küche
versprechen Genuss und Urlaubsflair.
Sie gehören in jeden Kräutergarten.

Kapernstrauch
Capparis spinosa

Beschreibung Die verholzenden Triebe erreichen
nur etwa 30 cm Höhe. Seine hübschen Blüten
machen den frostempfindlichen Strauch zu einer
begehrten Ampel- und Kübelpflanze.
Anbau Der Zwergstrauch benötigt volle Sonne
und durchlässige, fruchtbare Erde. Die Vermehrung erfolgt durch Stecklinge im späten Frühjahr. Hell und frostfrei überwintern.
Ernte und Verwendung Die geschlossenen Blüten-
knospen werden im Frühjahr geerntet und nach
einem Tag Welke in Salzlake und Essig eingelegt.
Sie verfeinern mediterrane Speisen und Pesto.

Lorbeer
Laurus nobilis

Beschreibung Das aus Südeuropa stammende
Gehölz bildet immergrüne, eiförmige Blätter. Im
Sommer erscheinen gelbweiße Blüten, die sich
zu schwarzen Beeren weiterentwickeln.
Anbau Lorbeer genießt Sonnenlagen in mäßig
nahrhafter Erde. Frostfrei und hell überwintern
und vorher leicht in Form schneiden. Im Frühjahr umtopfen.
Ernte und Verwendung Die Blätter lassen sich
ganzjährig ernten und passen sowohl frisch als
auch getrocknet zu Fisch, Fleisch, Gemüse,
Salaten und Marinaden.

Oregano, Dost
Origanum vulgare

Beschreibung Aus einem kriechenden Wurzelstock treiben bis zu 60 cm hohe Stängel mit ovalen Blättern und im Hochsommer rosa Blütenständen an den Triebenden.

Anbau Der mehrjährige Oregano liebt magere Böden an sonnigen Plätzen. Wegen seiner Wuchskraft ist etwas Abstand zu den Nachbarn einzuplanen. Größere Pflanzen lassen sich im Frühjahr und Herbst teilen. Die Vermehrung kann auch durch Samen im Frühjahr (Lichtkeimer) oder Stecklinge ab Juni erfolgen.

Ernte und Verwendung Der Spross wird zu Beginn der Blüte geerntet. Die Blätter würzen frisch oder getrocknet Fisch, Fleisch, Pasta und Pizza sowie Gemüsespeisen.

Weitere Arten Das Aroma des Griechischen Oregano (*Origanum vulgare* ssp. *hirtum*) ist noch intensiver.

Rosmarin
Rosmarinus officinalis

Beschreibung An den verholzenden Stängeln bilden sich immergrüne, schmal lineale, ledrige Blätter. Überwinterte Pflanzen blühen bereits im zeitigen Frühjahr in Blau.

Anbau Rosmarin benötigt viel Sonne und mageren Boden. Die Vermehrung durch Samen (Dunkelkeimer) im Frühjahr ist möglich, einfacher sind jedoch Kopfstecklinge im Juni. Rosmarin wird bei uns als Kübelpflanze kultiviert. Frostempfindliche Sorten werden in hellen, kühlen Räumen überwintert, in milden Regionen können sie mit Winterschutz auch draußen bleiben.

Ernte und Verwendung Die Blätter können bis zur Blüte geerntet und frisch oder sorgsam getrocknet verwendet werden. Das Aroma verfeinert in der mediterranen Küche Fisch-, Fleisch-, Gemüse- und Pilzgerichte. Zweige werden auch als anregender, durchblutungsfördernder Tee oder Badezusatz verwendet.

Echter Salbei
Salvia officinalis

Beschreibung Die länglich-elliptischen, samtigen, graugrünen Blätter des Halbgehölzes befinden sich an einem bis zu 60 cm hohen Spross und sind immergrün. Im Sommer schmückt er sich mit blauvioletten Lippenblüten.

Anbau Salbei wird ins sonnige Beet gepflanzt. Der Boden sollte mäßig nahrhaft und gut dräniert sein. Ein regelmäßiger Rückschnitt nach der Blüte hält die Pflanze vital. Samen werden im Frühjahr ab März vorgezogen (Dunkelkeimer). Stecklinge sind im Frühsommer zu stecken.

Ernte und Verwendung Junge Triebe der Gewürz- und Heilpflanze werden ab dem Frühjahr bis zur Blüte geerntet. Sie verfeinern Fleisch- und Fischgerichte, Pasta, Gemüse, Eintöpfe und Suppen.

Sorten Buntlaubige Salbeisorten sind Gold-Salbei (*Salvia officinalis* 'Icterina'), Purpur-Salbei (*Salvia officinalis* 'Purpurascens') und Dreifarbiger Salbei (*Salvia officinalis* 'Tricolor').

Schwarzkümmel
Nigella sativa

Beschreibung Der einjährige Schwarzkümmel wird etwa 50 cm hoch und hat fiederspaltiges Laub. Seine auffälligen, dekorativen Blüten variieren von Weiß bis Hellblau und verleihen dem Kraut im Sommer einen hohen Zierwert, nicht nur im Kräuterbeet.

Anbau Die Direktsaat (Lichtkeimer) ist ab April in sonnigen Kräuterbeeten mit mäßig nahrhaftem Boden möglich. Zu starkes Wässern und Staunässe vermeiden.

Ernte und Verwendung Die aromatischen ölhaltigen Samen des Schwarzkümmels werden zur Reife im Spätsommer geerntet und getrocknet. Ihr leicht pfeffrig-kümmelartiges Aroma verfeinert Brot, Suppen, Soßen, Gemüse-, Fleisch- und Fischspeisen. Der feine Geschmack ist auch in der asiatischen und orientalischen Küche sehr beliebt.

Thymian
Thymus vulgaris

Beschreibung Der immergrüne Zwergstrauch wird bis zu 30 cm hoch. Ab dem Frühsommer erscheinen kleine, rosa Lippenblüten.

Anbau Vollsonnigen Platz mit gut dräniertem Boden wählen. Die Samen ab März in Vorkultur oder ab April direkt ins Beet säen. Stecklinge lassen sich im Frühsommer schneiden. Rückschnitt nach der Blüte hilft der Pflanzenverjüngung.

Ernte und Verwendung Sprossspitzen werden vor und während der Blüte geerntet. Verdauungsfördernde Eigenschaften machen das Kraut frisch oder getrocknet für Fleisch- und Gemüsegerichte interessant. Ein Tee hilft bei Husten.

 **THYMIAN-VIELFALT** Weitere Arten und Sorten mit herb-würzigem oder auch fruchtigem Aroma für die Küche lernen Sie hier kennen oder unter www.m.kosmos.de/13986/tb10

Tripmadam
Sedum reflexum

Beschreibung Das außergewöhnliche Küchenkraut ist auch als Bodendecker oder Steingartenpflanze bekannt. Die immergrünen Blätter des winterharten Krautes entwickeln sich zu dickfleischigen (sukkulenten) Polstern. Ab dem Hochsommer erscheinen kleine, gelbe Blüten.

Anbau Tripmadam bevorzugt sonnige Standorte mit gut durchlässiger Erde. Die Vermehrung erfolgt durch Teilung größerer Polster im Frühjahr oder Herbst. Ein regelmäßiger Rückschnitt hält das Polster kompakt.

Ernte und Verwendung Die immergrünen Triebe können ganzjährig, sogar während der Wintermonate, geerntet werden. Frisch und klein gehackt ergänzt die mild aromatische Zutat mit einem hohen Gehalt an Mineralstoffen und Vitaminen Suppen, Salate und Gemüsegerichte.

Weinraute
Ruta graveolens

Beschreibung Der Spross verholzt am Grund und
wird bis zu 1 m groß. Die fiederspaltigen Blätter
haben eine markant blaugrüne Färbung und einen einzigartigen Moschusduft. Einen hübschen
Kontrast bilden die gelben Blüten ab dem Hochsommer.

Anbau Sonne und mäßig fruchtbarer Boden sind
gute Kulturvoraussetzungen. Samen werden ab
April direkt ins Beet ausgesät. Stecklinge können
im Frühsommer geschnitten werden. Ein leichter
Winterschutz mindert Schäden durch Kahlfröste.
Vorsicht bei direkter Sonneneinstrahlung – der
direkte Blätterkontakt kann zu Hautreizungen
und Verbrennungen führen.

Ernte und Verwendung Blätter und Sprossspitzen
werden bis zur Blüte im Sommer geerntet. Sie
verleihen frisch Suppen, Soßen, Eier-, Fisch- und
Fleischspeisen eine stark würzige Note. Sparsam
verwenden, nicht während der Schwangerschaft!

Ysop
Hyssopus officinalis

Beschreibung Der aus Südeuropa stammende
Halbstrauch bildet kleine Büsche mit dunkelgrü-
nem, schmalem Laub. Die blauen Lippenblüten
besitzen einen hohen Zierwert und locken von
Juli bis Oktober zahlreiche Insekten an.

Anbau Ysop-Pflanzen brauchen einen sonnigen
Platz mit mäßig nahrhaftem, jedoch gut wasser-
durchlässigem Boden. Die Vermehrung erfolgt
durch Aussaat (Lichtkeimer) ab März auf der
Fensterbank oder ab Mai im Freiland, Stecklinge
im Sommer oder Teilung im Herbst. Ein Rückschnitt empfiehlt sich nach der Blüte.

Ernte und Verwendung Vor und während der Blüte
werden die unverholzten Pflanzenteile geerntet.
Die frischen Blätter würzen Fleisch und Fisch,
Eintöpfe, Suppen und Soßen. Die Blüten verfeinern und garnieren Salate.

Süße Versuchungen
FÜR DESSERTS & GETRÄNKE

SÜSS ODER MINZIG! Kräuter machen auch vor süßen Speisen, Desserts und Getränken – Tees, Limonaden, Cocktails – nicht halt. Sie geben ihnen oft den letzten Pfiff.

Kräuter statt Zucker

Lange Zeit gab es beim Süßen keine Alternative zu Zucker. In den 1990er Jahren trat das Süßkraut (*Stevia rebaudiana*) seinen Siegeszug an. Nach einigen Anlaufschwierigkeiten und gesetzlichen Hürden ist Stevia nun die neue Trendsüße für viele Lebensmittel. Der Süßstoff Steviosid ist süßer als Zucker, besitzt jedoch nicht dessen negative Eigenschaften. Den reinen Süßstoff erhält man heute als Pulver oder in Tablettenform in Reformhäusern oder Supermärkten. Natürlicher geht's mit dem Ernten der süßen Blätter der tropischen Pflanze. Frisch oder getrocknet süßen die Blätter Getränke, Salate, Eis- oder Backgerichte. Die Dosierung ist etwas schwierig, denn der Süßgehalt variiert in Abhängigkeit von Standort und Pflanzenwachstum. Junge oder halbschattig positionierte Pflanzen haben etwas weniger Süße.
Eine weniger bekannte Alternative zur Stevia ist das Aztekische Süßkraut (*Lippia dulcis*). Es ist vergleichbar süß und stammt ebenfalls aus dem mittel- bzw. südamerikanischen Raum. Im Gegensatz zur buschigen Stevia wächst das zu den Verbenen zählende Kraut rankend oder kriechend. Im Balkonkasten oder einer Ampel entwickelt sich die Pflanze zur dekorativen Sommerbepflanzung. Der leichte Eigengeschmack gibt Tees, Cocktails oder Süßspeisen eine minzig-zitronige Geschmacksnote.
Sowohl Stevia als auch das Aztekische Süßkraut sind im Winter frostfrei im kühlen Winterquartier zu überwintern.

Aztekisches Süßkraut Die Alternative zu Stevia ist nicht nur süß, sondern würzt mit einem Zitronen-Minze-Aroma. Der hängende Wuchs macht sie zu einer guten Balkonpflanze.

Stevia Die Trendpflanze zum zuckerlosen Süßen von Speisen und Getränken.

Zitronenverbene Ein unvergleichliches Zitronenaroma für viele Speisen.

Apfelminze Fruchtig minzig verfeinert diese Minze Obst- und Süßspeisen.

Aromenvielfalt Minze

Mit Minzen verbindet man das frische Aroma der Pfefferminze, den leckeren Kräutertee oder Pfefferminzbonbons. Minze kann jedoch noch mehr. Kaum ein anderes Kraut ist so facettenreich. Viele hundert Arten und Sorten gibt es bereits, und Züchtungen bringen ständig neue Geschmacksrichtungen hervor.

Grundsätzlich unterscheidet man zwischen Edel- und Fruchtminzen. Edelminzen zeichnen sich durch einen hohen Mentholgehalt aus, der das typische Pfefferminzaroma ausmacht. Fruchtminzen besitzen kein oder nur wenig Menthol. Sie überzeugen mit fruchtig-süßen Noten. Minzen werden je nach Art bis zu einem Meter hoch und lieben frische bis feuchte Böden in sonnigen bis halbschattigen Lagen. Nahezu alle Minzen bilden Ausläufer und sind wegen ihres starken Wachstums sehr ertragreich. Zum Nachbarn sollte etwas Abstand gewahrt werden. Sicherer ist es, die Minze mit Wurzelsperre oder in einen großen Kübel zu pflanzen.

Die Pfefferminze (*Mentha* x *piperita*) ist die klassische Teeminze, die man aus Kindheitstagen kennt. Verbesserte Formen, beispielsweise die Multimentha-Minze (*Mentha* x *piperita* var. *piperita*), zeichnen sich durch ein noch stärkeres Aroma aus. Trockenheitsverträglich ist beispielsweise die Russische Minze, die ursprünglich aus der Ukraine stammt. Als hervorragende Teeminze hat sich die Marokkanische Minze (*Mentha spicata* var. *crispa*) einen Namen gemacht. Die Hemingway-Minze (*Mentha* x *species* 'Nemorosa') lieben alle Cocktailfans als Mojito-minze.

Als beliebte Fruchtminzen sind Apfelminze (*Mentha rotundifolia*), Ananasminze (*Mentha* x *suavolens* 'Variegata') oder Erdbeerminze (*Mentha species* 'Erdbeere') zu nennen. Sie eignen sich dank ihrer fruchtigen Aromen gut für Kräuterteemischungen, Eis und Obstspeisen. Und Minz-schokolade-Fans werden sich für die Schoko-Minze begeistern können!

SÜSSE UND MINZIGE ZUBEREITUNGEN
Verschiedene Rezept-Ideen mit Kräutersüße oder Minzaroma finden Sie hier oder auch unter www.m.kosmos.de/13986/tb11

KRÄUTER FÜR DIE *Asia-Küche*

Anis
Pimpinella anisum

Beschreibung An den bis zu 50 cm hohen Stängeln des einjährigen Krauts bilden sich fiederteilige Blätter. Weiße Blütendolden erscheinen im Sommer an den Triebspitzen.

Anbau Die Samen werden ab Mai direkt an sonniger Stelle auf fruchtbaren, mäßig feuchten Boden gesät (Dunkelkeimer). Junge Sämlinge vor Schneckenfraß schützen.

Ernte und Verwendung Mit der Samenreife werden die Früchte geerntet. Das verdauungsfördernde Gewürz verfeinert, zermahlen oder im Ganzen, Backwaren, Salate, Suppen und Soßen.

Ingwer
Zingiber officinalis

Beschreibung Die tropische Rhizomstaude bildet Horste von bis zu 1 m mit schilfartigen Blättern.

Anbau Rhizomstücke in ein Gefäß mit guter Kübelpflanzenerde legen, kurz darauf zeigen sich erste Triebspitzen. Ingwer liebt helle, aber nicht vollsonnige Standorte. Hell, kühl überwintern.

Ernte und Verwendung Das Rhizom im Herbst ernten und gerieben oder klein geschnitten verwenden. In der thailändischen Küche würzt Ingwer Salate, Soßen, Curry und Süßspeisen. Als stärkender, verdauungsfördernder Tee unterstützt er das Immunsystem.

Asiatisch zu kochen ist nicht nur im Trend, sondern auch schmackhaft und gesund. Auch wenn viele würzige Zutaten exotisch klingen, lassen sich asiatische Kräuter problemlos im Kräutergarten anbauen.

Kaffir-Limette
Citrus hystrix

Beschreibung Der immergrüne Zwergstrauch ist im tropischen Asien beheimatet. Die geflügelten Blätter der Kübelpflanze besitzen ein intensives Zitronenaroma.
Anbau Die Kaffir-Limette besitzt hohe Wärmeansprüche, die sie an sonnigen bis absonnigen Plätzen einfordert. Die Erde sollte fruchtbar und frisch sein. Die Überwinterung erfolgt an einem hellen, kühlen Platz ohne Frostgefahr.
Ernte und Verwendung Ganzjährig können die Blätter mit dem Zitronenaroma für thailändische Speisen und frische Getränke geerntet werden.

Koriander
Coriandrum sativum

Beschreibung An dem etwa 60 cm hohen Spross entwickelt die einjährige Pflanze fiederschnittige Blätter und ab dem Frühsommer weiße Blüten.
Anbau Im Mai direkt ins sonnige Beet säen. Bei der Ernte einige Samen für die Folgesaat nutzen.
Ernte und Verwendung Die Blätter werden bis zum Blühbeginn geerntet und frisch verwendet. Die reif geernteten Samen verfeinern zermahlen asiatische Speisen und Gewürzmischungen.
Weitere Art Als mehrjähriger Koriander bildet Rau-Ram (Polygonum odoratum) eine interessante Alternative. Frostfrei überwintern.

Shiso, Schwarznessel
Perilla frutescens

Beschreibung Die einjährige, krautige Perilla ist ein asiatischer Lippenblütler, der bis zu 60 cm hoch wird und einen interessanten Blattschmuck besitzt. Die grünen oder dunkelroten Blätter (je nach Sorte) sind oval bis rundlich und schmücken Kübel- und Sommerblumenpflanzungen.
Anbau Die Samen werden in Vorkultur ab März, im Freiland ab Mai ausgesät. Sonnige Standorte mit frischer, fruchtbarer Erde sind ideal.
Ernte und Verwendung Die Blätter können ab Frühsommer geerntet werden und besitzen einen leicht minzigen Geschmack, der vor allem in der japanischen Sushi-Küche geschätzt wird. Immer ganze Triebspitzen ernten, um die Neuverzweigung anzuregen. Blätter und Samen werden als Gewürz für Salate, Suppen und Soßen verwendet. Aus den Samen wird in Asien ein Speiseöl gepresst.

Thai-Basilikum
Ocimum basilicum var. *thyrsiflorum*

Beschreibung Das auch als Horapha bekannte einjährige Gewürzkraut bildet einen bis zu 60 cm hohen Spross mit auffälligen, rosa Blüten im Sommer.
Anbau Samen werden in geschützter Vorkultur ab März ausgesät. Nach Mitte Mai ist die Direktsaat im sonnigen Freiland möglich. Staunässe vermeiden. Auf Schnecken achten.
Ernte und Verwendung Bis zur Blüte werden Blätter und Spross geerntet und in der frischen Küche für asiatische Speisen und Gemüsegerichte verwendet. Um das Aroma zu erhalten, sind die Blätter erst nach dem Kochen beizumischen.
Weitere Art Indisches Basilikum (*Ocimum tenuiflorum*) ist eine weitere Art, die genauso anzubauen, zu pflegen und zu verwenden ist.

Wasabi
Eutrema japonicum

Beschreibung Der mehrjährige Wasabi entwickelt in der Natur an Bach- und Teichrändern ein fleischiges Rhizom. Aus diesem wächst ein Spross von etwa 50 cm mit rundlichen Blättern und weißen Blüten.

Anbau Für die Kultur sind feuchte bis nasse Stellen im Garten notwendig. Bach- oder Teichränder in geschützter Lage bieten gute Voraussetzungen. Ist ein humoser Boden sehr feucht, werden sonnige als auch halbschattige Lagen vertragen. Die geringe Frosthärte erfordert in milden Regionen einen guten Winterschutz, ansonsten eine frostfreie, helle und kühle Überwinterung. Auf hohe Bodenfeuchte achten.

Ernte und Verwendung Im Herbst wird das fleischige Rhizom geerntet. Frisch gerieben verleiht es Sushi, Fisch- und Fleischgerichten eine intensive Schärfe. Der „grüne Meerrettich" ist ein Kultgewürz der japanischen Küche.

Zitronengras
Cymbopogon citratus

Beschreibung Das tropische Gras aus Asien bildet bei uns als Kübelpflanze große Büschel. Die hohlen Sprosse können über 1 m hoch werden. Die langen Blätter besitzen ein intensives Zitronenaroma.

Anbau Das Gras wird als Kübelpflanze an sonnigen Standorten mit feuchter und gut fruchtbarer Erde kultiviert. Im Winter benötigt es einen warmen, hellen Überwinterungsplatz, zum Beispiel am Badezimmerfenster. Eine Vermehrung ist durch Teilung größerer Pflanzen möglich.

Ernte und Verwendung Blätter und Sprosse werden frisch oder getrocknet für asiatische Speisen und Getränke verwendet. Die klein geschnittenen Sprosse dienen lediglich zur Aromatisierung und werden nicht mitgegessen.

Nützliche Adressen

Vereine und Verbände

Verband der Gartenbauvereine in Deutschland e. V. (VGiD)

www.gartenbauvereine.de

- Zusammenschluss der Landesverbände der Obst- und Gartenbauvereine in Deutschland, tritt für die Erhaltung der Gartenkultur und die Pflege der Kulturlandschaft ein. Hier erhalten Sie Adressen der Landesverbände der Obst- und Gartenbauvereine in Ihrer Umgebung, die Ihnen bei Gartenfragen weiterhelfen können.

Bund für Umwelt und Naturschutz Deutschland e. V. (BUND)

Bundesgeschäftsstelle
Am Köllnischen Park 1
10179 Berlin
Tel.: (0 30) 27 58 64-0
www.bund.net

- Der BUND setzt sich für den Schutz der Natur und Umwelt ein, engagiert sich zum Beispiel für eine ökologische Landwirtschaft und gesunde Lebensmittel sowie für den Schutz bedrohter Arten. Hier erhalten Sie unter anderem Ökotipps zu Haus und Garten.

Bundesverband Deutscher Gartenfreunde e.V.

Platanenallee 37
14050 Berlin
Tel.: (0 30) 30 20 71 40
www.kleingarten-bund.de

- Vertritt die Interessen der deutschen Kleingärtner. Hier erhalten Sie die Adresse des jeweiligen Landesverbandes in Ihrer Nähe, der Beratungen und Schulungen anbietet.

Kräutergärtnereien

Kräuter- und Staudengärtnerei Mann

Schönbacherstr. 25
02708 Lawalde
Tel.: 0 35 85 / 40 37 38
www.staudenmann.de
www.pflanzenreich.com

- Über 600 verschiedene Duft-, Gewürz- und Heilkräuter aus eigener Produktion.

Gärtnerei helenion

Kleine Straße 2a
17291 Grünow
Tel: 03 98 57 / 3 98 59
www.helenion.de

- 700 Kräuter, Heil-, Tee-, Duft- und Würzpflanzen, Rezepte, Online-Shop.

Die Kräuterei

Alexanderstr. 29
26121 Oldenburg
Tel.: 04 41 / 88 23 68
www.kraeuterei.de

- Bioland-Gärtnerei mit über 400 Arten und Sorten an Kräutern, Online-Shop.

Rühlemann's Kräuter & Duftpflanzen

Auf dem Berg 2
27367 Horstedt
Tel.: 0 42 88 / 92 85 58
www.ruehlemanns.de

- 1 300 Kräuterarten und -sorten, Online-Shop, Gestaltungstipps und Seminare.

Kräuterey Lützel

Im Stillen Winkel 5
57271 Hilchenbach-Lützel
Tel.: 0 27 33 / 38 46
www.kraeuterey.de
- Bioland-Gärtnerei mit Online-Shop: Pflanzen und Saatgut, Handwerkszeug.

Syringa

Duftpflanzen und Kräuter
Dipl.-Biol. Bernd Dittrich
Bachstraße 7
78247 Hilzingen-Binningen
Tel.: 0 77 39 / 14 52
www.syringa-samen.de
- Bio-Gärtnerei mit Duftpflanzen, Kräutern, Blumenwiesen, Blumenzwiebeln, Gemüse. Schaugarten, Veranstaltungen, Online-Shop.

Blumenschule

Rainer Engler
Augsburger Str. 62
86956 Schongau
Tel.: 0 88 61 / 73 73
www.blumenschule.de
- Naturland-Gärtnerei mit Duft- und Teepflanzen, Heilpflanzen, Kräutern und Gewürzen, Räucherpflanzen, Stauden, Gemüse, Wildobst, Saatgut. Veranstaltungen, Online-Shop.

Staudengärtnerei Gaissmayer

Dieter Gaissmayer
Jungviehweide 3
89257 Illertissen
Tel.: 0 73 03 / 72 58
www.staudengaissmayer.de
- Bioland-Gärtnerei mit über 3 000 Arten und Sorten von Stauden, Biokräutern, Duftpflanzen, viele Raritäten. Pflanzenpakete, die nach Farbe, Duft und Gestalt aufeinander abgestimmt sind.

Raritätengärtnerei Treml

Eckerstr. 32
93471 Arnbruck
Tel.: 0 99 45 / 90 51 00
www.pflanzentreml.de
- Bio-Gärtnerei mit großem Kräutersortiment, viele Besonderheiten und Raritäten, Gemüse (alte Sorten, v. a. Tomaten), Beerenobst, Tees.

Der Autor

Dirk Mann, Jahrgang 1976, studierte an der Technischen Fachhochschule Berlin Gartenbauwissenschaften und arbeitet seit vielen Jahren als Gartenfotograf und Fachjournalist. Aufgewachsen in einer Kräuter- und Staudengärtnerei, kümmert er sich heute in seiner Fotogärtnerei um eine Pflanzensammlung von mehreren tausend Arten und Sorten. Als Fachberater arbeitet er in Kooperationen mit Gartenbau- und Kleingärtnerverbänden zusammen, hält Vorträge und Seminare rund um Botanik, Garten, Kräuter und Pflanzen.

SERVICE

Register

Die **hervorgehobenen** Seitenzahlen verweisen auf Abbildungen.

SERVICE

Bildnachweis

Mit 122 Farbfotos von

Otmar Diez, Sulzthal: 7 o.li., 12, 41 li., 47 (beide), 54 li.; **Digitalstock/Brocara**: 35 li.; **Digitalstock/R.B.:** 60 li., Flora Press/BIOS-PHOTO: 16, 33 re, 73 li.; **Flora Press/Otmar Diez**: 6 o.re., 7 u., 26 u.li., 36 re., 38 o.; **Flora Press/Edition Phönix**: 49 u.; **Flora Press/The Garden Collection/Marie O'Hara**: 75 re.; **Flora Press/The Garden Collection/Nicola Stocken Tomkins**: 20, 27 li.; **Flora Press/The Garden Collection/Neil Sutherland**: 72 re.; **Flora Press/Kramp + Gölling**: 46; **Flora Press/Daniela Kunze**: 53 o.; **Flora Press/Helga Noack**: 33 li.; **Flora Press/Nova Photo Graphik**: 8; **Flora Press/Stephan Rech**: 15 u.; **Flora Press/Royal Horticultural Society**: 26 o.re., 39 Mi.; **Flora Press/Visions**: Umschlaginnenseite vorne, 18 li.; **Gartenschatz**, Stuttgart: 52 o.re., 57 re., 59 li., 68 li.; **Lisa Blumen und Pflanzen/Jana Siebrecht**: 63 o.re.; **Lisa Blumen und Pflanzen/Roland Krieg**: 19 o.; **Dirk Mann**, Dresden: 17 o., 39 o., 39 u., 40 (beide), 41 re., 43 u.re., 45, 55 re., 56 li., 57 li., 58 re., 59 re., 60 re., 61 (beide), 62 (beide), 63 u.li., 64 li., 64 re., 66 (beide), 67 (beide), 68 re., 69 (beide), 70, 71 (alle drei), 72 li., 73 re., 74 (beide), 75 li.; **Reinhard-Tierfoto/Hans Reinhard**, Heiligkreuzsteinach-Eiterbach: 9, 11 u.re., 13, 30 (beide), 31 (beide), 32, 34, 35 re., 36 li., 37, 38 u., 48, 49 o., 52 u.li.; **Reinhard-Tierfoto/Nils Reinhard**, Heiligkreuzsteinach-Eiterbach: 10; **Manfred Ruckszio**, Taunusstein: 14, 19 u., 43 u.li., 53 u., 54 re., 56 re., 65 (beide); **Shutterstock/blueeyes**: 3 re., 50/51; **Shutterstock/Nina Buday**: 18 re.; **Shutterstock/Adam Edwards**: 11 o.li.; **Shutterstock/Cora Mueller**: 3 li., 24/25, 27 re.; **Friedrich Strauß**, Seysdorf: 2, 4/5, 6 u.li., 15 o., 17 u., 21 (beide), 23 (beide), 28, 44, 55 li., 58 li.; **Annette Timmermann**, Kalübbe: 29; **Andreas Vietmeier**, Münster: 43 o., 43 u.Mi.; **Waldhäusl/Westend61/Hans Huber**: 22.

Impressum

Umschlaggestaltung von Gramisci Editorialdesign, München unter Verwendung eines Farbfotos von Flora Press/Visions (Umschlagvorderseite) und eines Farbfotos von shutterstock/Jeffrey van Daele (Umschlagrückseite).

Mit 122 Farbfotos

Alle Angaben in diesem Buch sind sorgfältig geprüft und geben den neuesten Wissensstand bei der Veröffentlichung wieder. Da sich das Wissen aber laufend in rascher Folge weiterentwickelt und vergrößert, muss jeder Anwender prüfen, ob die Angaben nicht durch neuere Erkenntnisse überholt sind. Dazu muss er zum Beispiel Beipackzettel zu Dünge-, Pflanzenschutz- bzw. Pflanzenpflegemitteln lesen und genau befolgen sowie Gebrauchsanweisungen und Gesetze beachten. Die Blütenfarben sind sortenabhängig, daher können auch Farben auf dem Markt sein, die im Buch nicht genannt werden. Die Blütezeiten sind ebenfalls sortenabhängig, aber auch klima- und standortabhängig. Die angegebenen Wuchshöhen und -breiten der Pflanzen sind Mittelwerte. Sie können je nach Nährstoffgehalt des Bodens variieren. Verschiedene Sorten können deutlich größer oder auch kleiner wachsen als die Art.

Es wird empfohlen, für die Online-Zusatzangebote WLAN zu verwenden. Das mobile Surfen ohne WLAN kann dazu führen, dass zusätzliche Kosten für die Datennutzung bei Ihrem Mobilfunkanbieter entstehen.

Unser gesamtes lieferbares Programm und viele weitere Informationen zu unseren Büchern, Spielen, Experimentierkästen, DVDs, Autoren und Aktivitäten finden Sie unter **kosmos.de**

Gedruckt auf chlorfrei gebleichtem Papier

© 2014, Franckh-Kosmos Verlags-GmbH & Co. KG, Stuttgart.
Alle Rechte vorbehalten
ISBN 978-3-440-13986-8
Projektleitung: Carolin Küßner
Redaktion und Bildredaktion: Carolin Küßner
Gestaltungskonzept: Gramisci Editorialdesign, München
Gestaltung und Satz: DOPPELPUNKT, Stuttgart
Produktion: Eva Schmidt
Printed in Italy / Imprimé en Italie

FSC MIX
Papier aus verantwortungsvollen Quellen
FSC® C023164